NEW
CONSUMPTION

新消费，新营销

引爆强势品牌力

NEW
MARKETING

王小博◎著

ZHEJIANG UNIVERSITY PRESS
浙江大学出版社

图书在版编目（CIP）数据

新消费，新营销：引爆强势品牌力 / 王小博著. —
杭州：浙江大学出版社，2019.10
ISBN 978-7-308-19315-3

Ⅰ.①新… Ⅱ.①王… Ⅲ.①市场营销 Ⅳ.
①F713.3

中国版本图书馆 CIP 数据核字(2019)第 143410 号

新消费，新营销：引爆强势品牌力

王小博　著

策　　划	杭州蓝狮子文化创意股份有限公司	
责任编辑	张一弛	
责任校对	杨利军　刘葭子	
封面设计	水玉银文化	
出版发行	浙江大学出版社	
	（杭州市天目山路 148 号　邮政编码 310007）	
	（网址：http://www.zjupress.com）	
排　　版	杭州中大图文设计有限公司	
印　　刷	杭州钱江彩色印务有限公司	
开　　本	710mm×1000mm　1/16	
印　　张	16.5	
字　　数	200 千	
版 印 次	2019 年 10 月第 1 版　2019 年 10 月第 1 次印刷	
书　　号	ISBN 978-7-308-19315-3	
定　　价	52.00 元	

爆红营销是适应时代的全新营销方法论

如同日新月异的科技发展一样,商业领域的营销战略也在悄然发生着改变。一个不争的事实是,随着移动互联网与物联网时代全面到来,传统的整合营销传播理论(IMC,Integrated Marketing Communication)和定位理论已经无法适应时代发展的需求。面对日益变化的国内市场、数不胜数的自媒体和稍纵即逝的流量入口,爆红营销传播理论(PMC,Popular Marketing Communication)应运而生。

碎片化和去中心化时代,传统营销模式成为过去时

互联网带给我们的是信息的革命,也是效率的革命,基于技术与理念同步飞跃的移动互联网和物联网时代全面到来,也为企业经营者提出了新的

思考：新的时代，营销模式是否需要做出改变？

这个问题其实可以从市场营销学的发展历程中得到答案。众所周知，无论是传统的4P、4C、4R营销理论，品牌形象理论，舒尔茨的整合营销传播理论，还是特劳特的定位理论，都是在大工业时代的市场发展潮流中应运而生的。理论的存在必然基于一定的时代特色与技术基础。

通信技术的发展和移动互联网的壮大，可以说全方位地改变了人类世界的生活方式。商品市场同样深受影响。特别是随着5G移动和AI物联网新消费时代的到来，无论是竞争关系、市场需求，还是消费主体与商品特色，都不再是固定不变的，而是时刻变幻的统一体。

近5年来，国内市场也发生了翻天覆地的变化。进口商品流行，商品向轻奢和性价比两极化的方向发展。随着消费的升级，以及"90后""00后"成为新的消费主体，市场呈现出全新的消费特征，例如二次元亚文化的流行、个性型消费的突出。"90后"和"00后"对于老派的产品和营销套路完全不感兴趣，他们的消费需求更趋品质化、个性化、健康化和体验化。与此同时，移动支付的日益便捷、电商技术的创新发展，以及微博、微信、抖音等新媒体的发展，使内容传播、IP打造、粉丝运营和货品销售等营销工作的一体化得以实现。这些都预示着中国营销理论的土壤已然发生了巨大的改变。在这样的改变之下，源于欧美的整合营销传播理论和定位理论势必成为过去。

在营销领域，诞生于媒体多元化和互联网兴起时期的整合营销传播理论，其实践基础是广告和公关两种手段。其中广告依托的载体是报纸、电台、电视等传统媒体，公关依托的是政府机构、非政府组织（NGO）和媒体人员。彼时的媒体资源有限，资源能够被快速整合，信息呈集中化传播之势。

而在当下,移动互联网融入各行各业,AI智能时代已经来临,万物皆个体、人人皆媒体,传播的方式更为碎片化,受众需求在传统整合营销模式下已无法获得满足。以自媒体和社交网络为代表的内容产业正全面崛起,特别是在商业竞争领域,内容已然成为吸引用户的主要手段。针对当下发生的变化,企业想要获得持久稳定的发展,就必须对营销模式进行创新升级,用一套符合国情的营销体系来应对多变的市场环境。爆红营销传播成为企业创新营销的必然选择。

说起爆红营销传播,互联网产业巨头支付宝堪称大手笔不断的行业先驱。2018年下半年,"锦鲤"一词成为网络热词。持续带火这个刷屏词的正是"营销老手"支付宝。国庆节期间,支付宝联合商家发起"祝你成为中国锦鲤"微博抽奖活动,活动发起后,微博、微信等多平台强势曝光,同时各明星和"大V"号的接连转发将这一活动推向了高潮。集万千独宠于一身的"中国锦鲤"成为全民关注的焦点。一个并没有大规模投入的营销活动却取得了空前轰动的效果。支付宝这次活动的单条微博阅读量超过2亿,周转发量超过310万,涨粉200多万,互动总量超过420万,刷新了企业微博社会化营销的新纪录。很难想象在这场营销活动的持续爆红和海量回报背后,其成本不超过50万元。①

事实上,在这个爆红营销案例中,支付宝充分掌握了移动互联网与物联网时代的流量传播精髓。当时,"锦鲤"一词随着"火箭少女101"成员杨超

---

① 《各地"锦鲤"涌现,但支付宝的套路你学不会》,希小婧,虎嗅网,https://www.huxiu.com/article/267129.html,2018年10月16日。

越的爆红而持续升温，成为风头正劲的爆红关键词。本身就具有雄厚粉丝基础与品牌影响力的支付宝抓住这一营销黄金窗口期，充分利用微博在热点内容上的眼球效应和传播广度，引爆微博舆论，打造微博热搜榜话题热点。随之而来的是各大品牌的顺势跟风、推波助澜，越来越多的人看到这一内容，形成情感共振，最终全网网民陷入集体狂欢，无限放大了这次活动的营销效果。这正是爆红营销区别于传统整合营销的特性所在。

爆红营销传播成为移动互联网与物联网时代的标准打法

消费升级、用户参与、体验至上时代的来临，宣告了传统广告的没落和内容产业的全面崛起。爆红营销正是在此基础上诞生的。大量案例已经证明，爆红营销传播理论必将代替整合营销传播理论，成为移动互联网与物联网时代引领市场营销变革的正确方法论。

事实上，内容传播不断在引领消费升级，这直接体现在新兴生活方式的出现上。根据《2017内容消费升级营销趋势报告》①，近年来增加的中国消费者新形态生活消费中，购买视频网站会员、购买有机食材、出境旅游、购买进口生鲜、为内容产品付费等排在前列。由此可见，消费升级不仅仅是物质层面的升级，也包含消费观念的全面升级。人们需要通过移动互联网和物联网获得更加丰富多彩、个性化十足的内容，因此，消费升级的同时也伴随

---

① 网易传媒联合知萌咨询机构在网易泛娱乐战略发布会上发布，2017年9月8日。

着内容传播方式的升级。

熟悉自媒体和社交平台的朋友,一定对"小猪佩奇身上纹,掌声送给社会人"这句俏皮话不陌生。然而,正是这句看似无厘头的调侃,却孕育出一个拥有广阔市场的产业链,折射出爆红营销传播在内容传播上的强大能量。

很多人很难想象到,原本针对低龄儿童创作的动画形象小猪佩奇,在中国的社交网络上已经成为超级 IP、全网红人。小猪佩奇天真无邪的表情配上各种俏皮话,立刻成为刷屏表情包,脑洞大开的网友甚至还贡献了种种突破想象的创意和 UGC①。抖音上"小猪佩奇"话题挑战下的视频已经超过 3万条,每条视频里都带有不止一个与小猪佩奇相关的周边产品;甚至还有各大国际品牌与小猪佩奇联合,以自带吸睛效果的爆红模式打造出产业潜力无穷的商业 IP。

从时下海量自媒体、主流社交平台和泛内容传播渠道来看,我们不难理解小猪佩奇的成功。因为无论是微信、微博,还是抖音、快手、小红书,乃至贴吧、论坛、各大直播平台等,"90 后""00 后"等新兴消费人群俨然成为流量主力,也支撑起越来越庞大的新兴消费市场。小猪佩奇的这种"反差萌",受到不少网民尤其是"90 后""00 后"的喜爱,由此深化了互动娱乐内涵和内容IP 特色,自然持续爆红。

如今,营销已进入内容为王的时代。内容的三大具体形式是海报、视频和软文。而内容传播依赖的工具正是自媒体和 KOL②。传统媒体数量有

---

① user generated content,即用户生成内容。

② key opinion leader,即关键意见领袖。

限，可以被整合，自媒体和 KOL 却无法被绝对整合，只能抓住某些关键点在网络集中"爆破"，然后引起二次、三次传播，进而实现全网爆红。从传统整合营销传播过渡到爆红营销传播，是移动互联网时代与物联网时代的必然选择，也是立足于新消费时代商业竞争的成功法门。

爆红营销作为国内新消费品牌崛起的成熟模式是否可以被复制？

我作为一个"80 后"职业营销人，毕业于国内最早的一批营销本科专业，系统学习过营销管理理论。从业的前 10 年中，我在民企 500 强品牌和世界 500 强品牌企业的业务经理、产品经理、客户关系经理、市场总监、营销总经理等一系列营销岗位上任过职，在工作中和 4A 广告公司及其他策划公司有过很多交流合作，经历过以线下门店经销为主的渠道发展模式和以大规模广告投放为主的品牌营销模式，也经历了电商平台和自媒体的崛起。2014 年，我开始转型，投身于食品互联网媒体和新消费行业，5 年中见证了很多新消费品牌的快速崛起，它们的打法贴合时代背景、符合市场消费需求。我们团队从跟踪的 100 多个新消费品牌中梳理归纳出这些企业的打法，并总结出了一套模式，将这些成功模式复制到服务的企业当中，收获了很好的效果。

回首过去 5 年，我跨越了传统品牌营销模式，完成了向新营销模式的转型，并正在经历着新零售和新媒体的快速崛起。作为营销人，我希望能系统总结一下这 5 年的转型经验，让更多营销人快速掌握新消费时代的营销规律,不再因为思维方式的落后而焦虑,不再被层出不穷的新概念困扰。营销是一门实战学科,会随着时代变迁和消费环境的变化而发生很大变化,而营销理论往往滞后于营销实践。国内自 20 世纪 90 年代开始引入营销专业,至今经历了 20 余年品牌营销黄金发展期,4P、4C、4R 和品牌形象理论及后来的整合营销传播理论成就了无数优异的品牌企业和营销总监。但同时,我们也看到很多成功的企业在营销管理方法上正在失去创新能力,品牌不断陷入僵化,失去了增长的动力。传统营销模式已经开始衰落,技术正在推动时代不断向前,年轻化消费成为新一轮消费升级的主要推动力,进口商品也随着跨境电商的发展和贸易的开放不断涌入,这些变化都将中国企业的经营模式推向了改革的时间点。寻找爆红模式破局重生还是继续僵化失去创新动力,是当下企业总裁和营销总监们都需要面对的问题。我希望这本书中的思考总结能够给营销界人士带来一些启发,更多的实践还是要结合企业情况做到现地现物灵活应用。

我在这本书的写作过程中得到了蓝狮子的朋友们的大力帮助,他们对本书的结构框架提出了非常宝贵的建议,并且对成稿提出了很多修改建议。没有他们的辛勤付出,也不会有本书的顺利出版。同事屠蒙璐和郝利娜帮助我整理案例素材及润色文字,在此向她们表示感激。定位领域的专家许战海老师给予了我 3 年的长期辅导,我们不是师徒胜似师徒,他让我能够在互联网转型的过程中攀登营销战略的高峰。有关定位的学习和实践不仅仅需要天赋,更需要否定自我的勇气。当过往的经验和掌握的理论无法有效面对当下的竞争环境时,营销人需要"回炉再造",重新出发,而许战海老师的指导在我的转型阶段发挥了无法形容的价值。十余位品牌营销总裁、同仁及领导也对本书的写作给予了指导和建议，比如老板电器前营销副总裁、现莱克电气副总裁陈伟，以及浙江元通雷克萨斯总经理陈海峰，这里不一一赘述。另外，在这5年的转型实战中，飞象新零售商学院给了我很大的启发。3年前我认识了飞象创始人老莫和胡博士，并加入飞象成为会员，在飞象第一时间学习到社群营销、内容营销、社交零售等新零售模式，飞象让我以不同视角去近距离剖析、观察很多互联网企业最新的营销实践方法，我也有幸成为飞象学院的早期导师。感激飞象在传统营销向互联网转型的过程中成立了这么一个有温度的学习社群，让更多企业家能够直面困惑，接触最新的营销实战成果。在5年的转型实践中，SEO① 搜索营销和技术开发是我集中力量重点攻克的领域。搜索营销始终是B2B领域招商引流的主要手段，技术在互联网时代成为标配，要驾驭技术为自己所用就需要下场接触。在这方面我得到了SEO高手陈沿舟的长期指导和帮助，我们也从早期的客户关系发展为朋友。当我认识到连锁加盟和代理招商的品牌企业快速崛起的秘诀后，我就发誓要掌握它，而陈沿舟无疑在网络营销的洪流中给我指了一条光明之路。这条路价值500万元，让我投资的环球食品商业网在搜索领域少浪费了2年时间。当然，最后要感激我的团队核心成员"技术大牛"夏晋，以及我的爱人洛溪。他们对我不离不弃，允许我在5年的转型时间里不断试错，他们见证了我在转型每一个阶段的鼻青脸肿和困惑迷茫。从优秀的传统品牌营销经理人到一个互联网营销的"小白"，我一路坎坷，一路奋进。在5年中，我投资并亲自参与运营的环球食品商业网也一路披荆斩

---

① search engine optimization，即搜索引擎优化。

棘——从做新消费食品 C 端导购网媒到做进口食品行业 B2B 商机平台，再
到重新定位做产业新零售网媒。内容一直是我们团队的优秀基因。我们从
2016 年配合国内最大的进口食品展上海 SIAL 中食展推出近 100 篇原创报
道轰动业内，到作为行业网媒配套服务 2000 余家品牌，被世界电子商务大
会连续 2 年评为行业最具创新价值奖和最具品牌价值奖。我从宏观和微观
的角度见证了国内进口食品行业发展、新老品牌交替迭代，以及内容传播和
爆红营销崛起的全过程。

　　放眼未来，希望在 5G 移动和 AI 物联网时代，我们每个营销人都能屹
立潮头，做时代的弄潮儿。和千千万万的营销人共勉！希望本书能够让您
有所收获！

王小博

于 2019 年 1 月 1 日夜

12 营销战略的“误”与“解”

导　言

最坏的时代，
最好的时代

对中国消费者来说，这是最好的时代。在国家开放的战略下，市场持续开放，最大化迎来国外商品潮的涌入；同时国内消费品市场规模不断扩大，服务水平也在不断提升，消费者迎来幸福时期。而对许多品牌商而言，这可能是最坏的时代。进口商品的冲击，国内竞争的白热化，消费升级对商品品质要求更高，传统营销打法纷纷失效，等等，成为摆在品牌商尤其是新品牌企业面前的一道道天堑。

国外商品潮涌入，极度竞争的大幕拉开

对于开放，没有人会持反对态度。中国过去30多年的发展堪称超越常规市场经济逻辑的奇迹，这很大程度上得益于一以贯之的开放政策。习近平主席在博鳌亚洲论坛2018年年会开幕式上的主旨演讲中说："中国开放的大门不会关闭，只会越开越大！"中国会主动扩大进口，这给人们带来了信心和鼓舞。

开放力度的加强，也意味着更多国外商品将涌入国内市场。消费者的选择空间将越来越大。相应地，中国企业将面临前所未有的竞争，尤其是市场的瓜分和国外品牌的威胁。前者很容易理解，在此不再赘言，后者却容易被人们忽视。国外企业历来重视品牌建设，形成了相对强大而稳固的品牌认知，而中国本土品牌明显处于弱势地位，一旦低价的优势被拉近甚至抹平，那么本土品牌的优势很可能所剩无几。对于国内大企业、大品牌来说，凭借多年积累尚有一战之力；可对小企业、新品牌来说，很可能将迎来前所未有的危机。极度竞争的大幕已经拉开，国内企业要想突围，就需要打造属于自己的"利剑"。

消费升级，传统营销方式失效

许多人以榨菜和方便面产业的"起死回生"来断定消费降级来临。实际上，消费品供给水平提升、高阶商品消费比例提升等多方面证据显示，消费升级已然是时代的主旋律。"80后""90后"被推向消费大潮的顶端，成为主力消费人群，和父辈们相比，这部分人群的消费能力更强，消费理念更加超前，这对品牌企业来说是有利的一面。可与此同时，这部分消费人群在消费偏好和审美需求方面提出了新的要求，他们对商品的外形配置、内在功能及品牌调性等都有明确的认知和喜好。在追求性价比的同时，他们也从不放松对产品品质和用户体验的要求。

　　消费升级的大环境下，同质化或不具备核心特色的商品已经越来越难以赢得消费者的心，"自嗨式"的营销已经越来越难以获得消费者的信赖。放眼国内，不仅单个品牌没落，甚至许多产业都出现了集体"掉队"的情况。比如巧克力行业，曾经的国产巧克力"一哥"金帝易主，徐福记、金丝猴等响亮一时的品牌也被外资企业收购。再如化妆品行业，曾经在国内日化市场风光无比，甚至连宝洁、欧莱雅等国际巨头也不敢小觑的国民品牌大宝，最终被强生收购，而这也没有挽救其走向衰落的情势。和大宝一样，许多曾经名头响亮的国产化妆品品牌甚至都难以再进入精品超市，让人无限唏嘘。像百雀羚这样能重回一线的"老国货"只能算凤毛麟角。

　　实际上，竞争不只来自外部，内部的竞争同样"惨烈"。服务行业经过20余年的发展，很多连锁加盟企业已经进入品牌化阶段，竞争的激烈程度不亚于传统制造业。如何在消费升级的大环境下更好地适应当下的竞争环境，对中小企业和新品牌来说，都是一个亟待解决的重大问题。

　　为什么许多前些年还风光无限的国内品牌迅速"掉队"，小品牌、小企业突围的难度越来越大，并日益感到环境逼仄？很大程度上是因为它们还在沿袭传统的营销方式和打法。

　　雷军在接受采访时曾经说过这样一段话："传统厂商每卖出一台手机，基本算是生意的结束，而小米每卖出一台手机，只是一个生意的开始——先用手机把用户吸引过来好好伺候成'米粉'，再通过其他途径赚钱。"①

在小米之前，可能所有手机厂商都将把产品卖出去并尽可能攫取高毛利作为终极目标，谁也未曾想过小米这样的打法。这个案例也从侧面说明，传统营销之死首先是败在了战略思维上。

在信息泛滥、媒介过度碎片化的社会大环境下，电视、报纸等传统媒体被迅速边缘化，不再占据内容发布的中心地位，即使是网络营销、新媒体营销，如果没有能够迅速抓住消费者和网友眼球的优质内容，也容易在海量的信息中被无视。在这样的环境中，坚持传统营销方式的企业越来越难以发出让消费者听到的声音，以至于越来越难以脱颖而出，这也是许多老品牌式微，新品牌还未壮大就"夭折"的原因所在。

渠道多元化和媒介信息碎片化时代，
7P 创新营销模型应运而生

笔者十余年间实战参与了 50 余家新消费企业的品牌打造，结合消费升级的浪潮及新环境下渠道销售和媒介传播的特点，总结出一系列真实且经典的正反案例，打造了中国本土营销升级理论——7P 创新营销模型，旨在

---

① 《雷军：米粉节背后的冷思考》，Nairo，http://www.woshipm.com/it/147897.html，2015 年 4 月 12 日。

为应对和破解上文中提到的难点提供有效的方法论。

从准确定位到企业家代言，从应对碎片化媒介的爆红传播到多元化新零售渠道的全域解决方案，从品牌IP塑造到"网红"爆款打磨，从社群运营对品牌调性的口碑裂变，再到PR"三板斧"对品牌认知的急速提升，7P创新营销模型中充满了逻辑严密、打法系统又具有超强可执行性的"干货"，帮助新品牌快速崛起，实现品牌和企业的持续成长，帮助老品牌找寻不足、突破瓶颈、冲出困境，实现营销赋能。

破局之路不止一条，找准自我路径，才有在大时代中精彩出场的机会！

01

营销的本质

关于营销本质的分歧

从来没有一个时代，像如今一样重视营销。营销不是企业成功的唯一因素，却是企业成功的关键因素。一家能持续成功的企业，一定少不了神通广大的营销人员。

然而，也从来没有一个时代，像如今一样错误地理解营销。无数人浅尝辄止，更有无数人在营销的轨道上越走越偏，引导企业驶向不可知的命运。

营销的本质是什么？营销就等于销售或传播吗？还是说它可简单地归结为"用户心智抢夺战"？其实，营销的本质之争，正是唯心主义流派和唯物主义流派的分歧所在。事实上，这两个流派都存在片面和偏颇之处，只有看懂了两者存在的问题，才能真正了解何为营销。

营销误解，从微观唯物主义营销论说起

许多人自诩为营销高手，理由是曾开发出一款热卖的好产品，但他们很快会发现坚持的理论和打法在下一款产品上就行不通了。有人把销售人员的工作当作企业营销的全部，以为设置了市场部，企业的营销力量就已算充足，可实际上企业依然沿袭老一套的市场战略和打法；当然，也有人把在淘宝、京东开店当作企业营销工作的全部……

以上这些实实在在的营销岗位上的"企业人"，他们的观点都是典型的微观唯物主义营销论。他们重视企业端的作为，却忽视市场研究和对用户需求的洞察，他们的营销也缺乏一个整体性、系统性的推进计划。其实营销这个概念自诞生起就是一个整体的系统，包含了品牌管理、产品研发、渠道分销、媒介传播、客户关系管理（Customer Relationship Management，CRM）、市场洞察等一系列动态的过程，最终实现产品从工厂到消费的整个过程（见图1）。微观唯物主义营销论的局限非常明显，许多传统企业至今依然固守这样的理论和认知，在市场环境不断演变的浪潮下，这些企业往往是首先遭遇危机的那一类。不过也可看到，经过市场的不断洗礼，生存下来的企业已经越来越少处在这一认知阶段。环境的变化，让人们开始探求新的营销形式。

唯心主义营销论：营销就是抢占心智

还有一部分"非企业人"认为，营销就是创建一种符号或者语言，让这种

图 1 营销系统示意图

符号或语言在市场和消费者中形成一个选择偏好。比如业内有一种流行观点:品牌打造超级话语的目的是说服消费者采取行动,完成购买,所以应该从视觉、听觉及创意等层面来构建品牌,让消费者听到、看到品牌就会立即产生联想和认同。而打造这种超级话语的方式,是用口语、套话、陈述语等直截了当地表达出产品或服务可以解决的事情。比如"送长辈,黄金酒""玩游戏,上51"等都是遵循了这一观点。

也有营销人士认为营销就是研究人性、征服人心。该观点的"理论地基"是上千年来人心、人性都没有怎么变化过,市场营销在产品和品牌层面的营销逻辑也没有发生过改变。比如古时候,做生意的人就懂得利用皇帝喜欢进贡的大米来做文章,让老百姓也知道这种米好吃;而如今，许多企业依然在利用类似的方式进行产品营销。所以只要洞察人心，了解人性，就能知道人的物质和心理需求，就能通过营销制造冲突，让消费者不自觉地被带入场景，发现产品的与众不同之处，进而进行消费。

更有甚者，认为营销就是抢占心智，建立认知，只要抢占了心智就赢得了营销战争，其中的代表就是近些年被包装"吹到天边"的定位咨询公司。进入大竞争时代，企业的竞争场所已从市场转移到顾客心智。企业要做的，是在顾客心智中创建一个定位，并不断巩固这一定位。而占领顾客心智的方法，是要通过研究竞争者找到自身的差异化所在。在探测顾客既有"心智地图"后，下一步核心挑战是在顾客既有观念中创建一个差异化的区间，并最终通过广告轰炸、饱和式营销攻击完成对顾客心智的占领，提升他们对品牌的信任感。

实际上，以上观点都有一定的可取之处，但其缺陷和不足也十分明显，即这些观点大都回避了企业经营过程中复杂的内部运营体系，具体问题如产业生态链进化周期、行业和消费发展周期、职业化团队成长周期、产品研发和迭代升级的困难、渠道分销过程中价格管控之难、媒介传播过程中媒体选择的巨大浪费，把营销简单地解释为创建符号打造视觉差异，或者推出大规模"洗脑式"广告强势推销定位语等，让企业内部关键的营销组织沦为品牌定位的陪衬。国内所谓的战略定位专家常常"俯视"国内企业家和营销经理人群体，而事实上，定位理论在美国的企业战略发展历史上从来未能占据重要地位。① 定位理论在美国被认可也只是在营销领域,获得的最大成就就是 2001 年被美国市场营销协会(AMA)评为有史以来对美国营销领域影响最大的理论。

定位理论凌驾于营销管理之上成为企业战略和老板们的"经营圣经",其实是一种战略误区。定位理论诞生于 20 世纪 70 年代,发展到 2001 年才得到美国营销界主流人群的认可,但是传入国内的时候互联网已经崛起。互联网浪潮和信息技术革命对很多传统制造及消费行业和营销咨询行业都产生了巨大的影响,传统理论的部分观点仍然有用,但是脱离互联网和新消费人群,仍然拿着老一套解释当下,就难免是刻舟求剑、故步自封了。

营销和管理都是实战学科,在那些所谓部分体系化的营销理论中,企业经营的成功往往被轻描淡写地描绘为某支广告片挽救了一家企业,或者一句神奇的宣传口号让一家企业脱颖而出,企业家的个人意志及团队经营中的努力升级往往被忽略。这种观点陷入了避实就虚、避重就轻的唯心主义论。企业家和职业营销经理人极可能被这样的营销理论左右和迷惑,将企业营销的重心完全偏向广告或口号,而忽视了真实市场消费需求的复杂性、产品升级技术换代的迫切性、品牌营销体系建设完善的重要性,以及渠道布局市场多层次发展的长期性。这种做法治标不治本,只是把一些企业发展中实际需要克服的问题和困难用"抖机灵"的方式掩盖了。

---

① 《战略简史:引领企业竞争的思想进化论》,[美]沃尔特·基希勒三世著,慎思行译,北京:社会科学文献出版社,2018 年 9 月版。

以上理论大多都认为一句朗朗上口的套话可以轻易占领用户的心智，节省成本，拓展传播效果。可许多时候，被人们记住的代价却是品牌深度的丧失，在强化符号或用户认知的过程中，品牌被钉在廉价、肤浅的定位上永无翻身之日。赢得一场战役却输掉整个战局的情况十分常见。一些所谓的有"洗脑"效果的恶俗广告，尽管能让人们很快记住（超过了普通广告的效果），却也破坏了人们对品牌的美好印象，甚至导致核心用户群体倒戈、流失。从长远来看，其实是失败的。

这样片面的营销理论距离营销的本质、目的及路径，自然还很遥远。

唯物主义营销论：故纸堆里的回忆

而学院派的营销教授们，则把营销理论一再推向"新高度"——更加复杂、晦涩、宏大。营销理论的内容涵盖战略、经营、管理、生产等整个过程，且对每一个领域都不断细化阐述。与其称其为营销，不如称其为营销史。譬如《营销百年进化史》一文津津有味地探讨了20世纪30年代广播媒体的广泛使用对市场研究的影响，以及战争使得社会科学工作者投入前线研究中，而这些尚不成熟的研究方法被引入用以研究士兵及其家庭的消费行为……论证之"宏大"让人惊讶。经典著作《营销管理》这本书的厚度更是达到了一个"新高度"，使得很多人对这门实战学科望而生畏。

但不管营销管理这门学科再如何完善，它始终诞生于大制造和大广告的工业化时代。比如1960年被提出、曾被无数人推崇的4P理论，是工业化时代的实践产物。在如今的智能制造时代，简单的物理分类方法早已过时，以专业＋情感的方式驱动细分人群的需求，成为新消费品牌的主流方法。4P原则已经沦为"板凳客"，可依然有许多企业奉之为圭臬，类似情况十分普遍。

营销是一门紧跟时代的实战学科，从某种意义上来说，传统学院派的营销管理理论属于过时的唯物主义营销论，已经成为故纸堆里的回忆。

比如，营销学教父、学院派代表科特勒认为："营销本质是要有能力满足消费者需求，并且能持续获得利润。"①但是我们看到，互联网时代的很多创新企业都选择了为满足消费者需求而允许自己长时间不盈利——以便于获得更大的市场份额甚至垄断地位，比如特斯拉、滴滴等都采用了这一营销战略。再比如，我们看到按摩椅、充电宝等产品共享模式的"新玩法"，主要是通过资源的分享实现价值的最大化，而共享模式企业的崛起大多也是采用补贴等方式提高市场份额，以规模效应获得经济红利……这一模式已经跳出了传统的满足需求持续获利理论。

以上这些企业的营销成果从当下或长远来看都非常成功，却和学院派教授们的理论几乎背道而驰。因此，在以智能制造、渠道多元化和媒介碎片化为特征的互联网新消费时代，营销的本质也发生了变化，从单纯的满足需求持续获利转变成以创新模式占领市场，从而让企业生存获利（见图2）。

唯物主义哲学观告诉我们世界唯一不变的就是变化，那些保守的传统

---

① 《营销管理》，菲利普·科特勒、凯文·莱恩·凯勒著，王永贵等译，北京：中国人民大学出版社，2012年4月版。

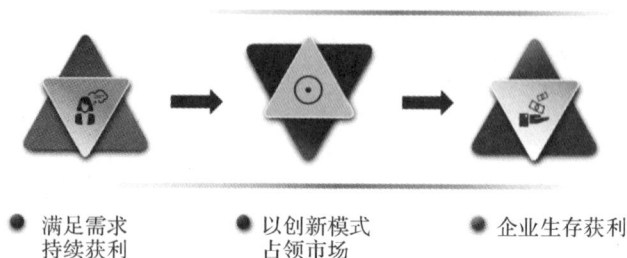

満足需求　　　　　以创新模式　　　　　企业生存获利
持续获利　　　　　占领市场

图 2　营销的本质变化

学院派和持唯心主义营销论的人，也都因为刻舟求剑式的理论停滞而受到市场和企业的质疑。

　　尤其是在移动网络时代，技术改变了媒介传播方式和商品销售方式，也改变了人们消费决策的分析路径和购买的心理动机，新的消费主张和行为开始出现。企业只有认识到这些变化，将品牌、产品、渠道、媒介等进行综合考量和重构，在变化、创新中找到属于自己的营销路径，让产品或服务有更大的灵活性，能够针对消费者的具体需求进行创新组合，才不会在发展的路上"跑偏"，才算是接近了营销的本质。

营销的五大流派

随着新商业文明的崛起,营销之路也日益宽阔。营销各派百家争鸣,让初学者眼花缭乱。实际上按照营销理论和现状分析,营销领域包含了五大流派——广告(认知)流派、社群(客户关系)流派、公关(整合传播)流派、产品(爆款)流派、新零售(渠道)流派(见图3)。

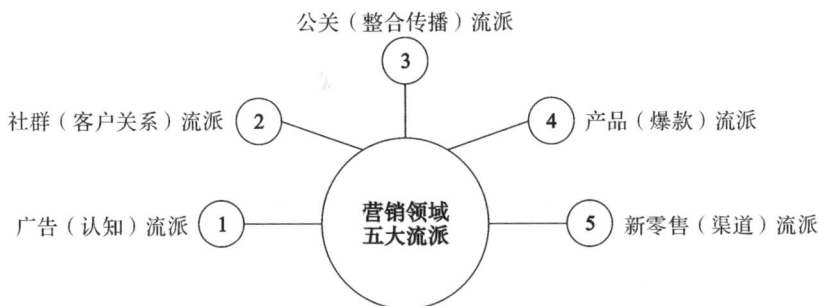

图3　营销领域五大流派

广告流派成就的品牌最多,在国内营销史上留有浓重的一笔,仍然是当下主流的营销手段。这一流派注重利益诉求,注重对广告内容的打磨,强调广告重复曝光的作用。该流派以特劳特中国、奥美、叶茂中策划等专业机构为代表。

社群流派是企业自成体系的一派,目前在国内是新环境下崛起的最为瞩目的一派。这一流派注重挖掘社群的巨大势能，打造社群化产品，以社群裂变和粉丝运营实现营销价值最大化。该派的代表品牌有小米、三只松鼠和江小白等。

公关流派讲究策略及执行，属于高难度营销，要求企业家和企业内部公关团队有高超的战术水平以灵活驾驭媒体舆论，代表品牌有阿里巴巴、苹果、星巴克。

产品流派常用非常规性的营销手段，多依靠革命性产品快速崛起，代表品牌有大疆无人机、华为、特斯拉等。

新零售流派主要是依托新环境下的创新渠道快速崛起的企业，代表品牌有娃哈哈、劲酒等以深度分销模式崛起的传统品牌和百草味、凡客诚品、林氏木业等电商品牌。

如何来理解这些营销流派，这些流派中的哪些落地效果更好、更适合当前的新消费环境呢？

马斯洛需求层次理论引导出广告行业的 USP 理论①和品牌形象理论，认为营销的使命便是向消费者陈述一个独特的销售主张或者创建一个独特的品牌形象。消费者心理行为学引导出整合传播理论，认为应将与企业市场营销有关的一切传播活动一元化。乔治·米勒认知心理学引导出定位理论，认为营销者应在预期客户的头脑里给产品定位，确保品牌

---

① unique selling proposition，"独特的销售主张"，又称创意理论，20 世纪 50 年代由美国人罗瑟·里夫斯（Rosser Reeves）提出。

在预期客户的头脑里占据一个真正有价值的差异化的位置；而本质上，定位理论是对 USP 理论的深化和发展，强调了品牌和产品形象的统一。

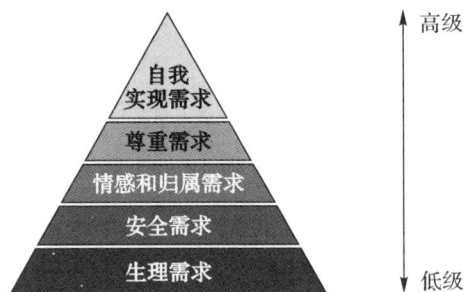

图 4　马斯洛需求层次理论示意

　　我们从马斯洛需求层次理论示意图（见图 4）可以看出，目前大部分以特劳特中国、里斯为代表的定位咨询机构和以叶茂中策划为代表的本土策划机构所主推的品牌广告，都停留在底部两个需求层次，即关注消费者的生理及安全等基本物质层面的需求，这一层级代表了"温饱阶段"，可以用"民宅"来形容。以叶茂中广告营销理论为例，2018 年世界杯期间马蜂窝、知乎的"洗脑式"霸屏广告引发了巨大的争议，而叶茂中的解释大体意思是：广告是用来让人记住的，而不是欣赏的；广告的目的是制造冲突、发现冲突、寻找冲突；好广告的标准是卖货，这也是唯一的标准。

　　该理论有其可取之处，但至少也有两大漏洞：其一，消费者的审美品位已大幅提升，这类目的明确的广告降低了用户群的好感度，"洗脑式"传播后能留存下来多少品牌好感度值得反思；其二，良性的品牌发展和产品推广模式应该是环环相扣的，不计影响的瞬间爆发式的广告模式对品牌的长期损害有多大难以衡量。叶茂中在参加一档节目时曾表示："没有好的创意，宁可去死。"可面对人们关于世界杯期间广告"直白""雷人"的质疑却说出"越骂我越兴奋"[①]。可见其中的违和感与撕裂感。

而奥美等外资广告公司依托品牌形象理论制作的广告，大都以头部需求层次为主，即消费者对尊重的需求和自我实现的需求，因此营销方式上更多地去挖掘和呼唤消费者精神、心理层面的认同。比如在营销圈刷屏的奥美广告文案《我害怕阅读的人》，针对的便是那些功成名就但阶层焦虑如影随形的高端人士，定位的便是他们提升自我身份、提升价值认同感的需求。再如雪茄品牌嘉润(Djarum)，就通过"只有那些富裕的人一次供得起 6 个"，打造了小雪茄"绅士的亲密伴侣"的形象，满足的是这部分消费者对优雅和超出普通阶层的心理认知的需求。[②] 类似案例不胜枚举。可以说，这一层级代表了"富裕阶段"，可以用"豪宅"来形象化表示。

外资品牌在中国行销 20 年，通过先进的品牌管理理念和标准的国际化品牌塑造流程改造着中国本土的营销和广告生态，正是因为奥美等传统 4A 公司的努力，很多品牌实现了在中国的产品溢价和品牌美誉度，这是国内大部分品牌企业普遍未达到的高度。奥美集团大中华区董事长宋秩铭曾说过："在中国，只有当我们帮助中国品牌在国内取得了成功，才有可能协助它

---

① 《广告狂人叶茂中》，楼台，虎嗅网，http://www.huxiu.com/article/249988.html? f＝member_article，2018 年 6 月 28 日。

② 《那些年走心的奥美经典文案》，Ogilvy 奥美中国，http://www.adquan.com/post-2-41313.html，2017 年 6 月 26 日。

们走向国际,与它们一起完成全球化过程。"①

社群流派关注的多是第二、第三个需求层次,强调和利用人们的"情感和归属需求""安全需求"等。比如小米,其常被人称道并学习它的互联网打法,这一打法实质上就是社会化媒体营销或社群营销,即以新媒体为工具,以价值认同为纽带,打造一种强力联结消费者并实现社群裂变的营销方式。社群流派营销,其核心正是对准了人们的情感和归属需求。比如2010年正值微博兴起,小米抓住这一时机,将微博当作品牌社群营销的核心阵地,搭建完善的新媒体运营团队,把和用户互动当作工作重心,规定微博客服针对用户的建议和吐槽必须做到15分钟内快速回应,而其创始人雷军更是亲自上阵回复微博评论。显然,小米已经将新媒体运营和社群服务上升到了营销的高度。当很多企业还在埋头砸广告建立品牌认知时,小米的品牌知名度和影响力已经依靠社会化媒体营销手段水涨船高。

深挖之后会发现,消费者之所以对小米这个新品牌有如此高的认同感,甚至形成规模庞大的"米粉",很大程度上在于小米在尊重和满足消费者个性化需求的同时,用产品开拓出社交需求,使消费者变成了体验者和传播者。小米曾在新浪微博发起一个名为"我的手机编年史"的活动,即大家在微博中晒出自己哪年用过哪些品牌型号的手机,活动共有121万人参与。这已可说明一切。

---

① 《奥美的观点:中国广告公司的全球化》,宋秩铭,https://www.jianshu.com/p/4b4b741a76a1,2017年2月16日。

看到这里，前文中的问题已经不言而喻。五大流派，不能说哪一流派效果更好、更科学，更符合当下的实际环境。营销学是一门影响消费者行为的学问，它的所有作业原理和工作逻辑都来源于心理学。心理学的观点是人的行为在很多时候并不是受到"本质"驱动，而是受到与"本质"有关的"信息输入"的驱动。营销学即是如此，并不一定要产品/服务达到最好才能打动消费者，企业可以通过营销信息的传递，树立自己的价值体系，让消费者对产品达成价值认知，通过大众可以接受的方式来让他们被"控制"。其中，满足物质生理需求和情感、荣誉等心理需求是营销的原始动机，抢占认知、调动心智是营销的最终目的。心理是因，心智是果，需求则是驱动因转化出果的核心动力。没有需求就不会有认知。要对营销几大流派有充分的认识，能够灵活驾驭，在企业的不同阶段或者预算有限的情况下做到知己知彼，实现营销效果的最大化。没有"一招鲜吃遍天"的绝对方法，也没有"万事皆有定数"的终极答案，每个产业、行业、企业、消费群体、市场都是个性化的，任何方法理论都不是万能钥匙。

新消费时代对传统理论的"改造"

自 20 世纪工业化时代兴起的定位理论,在全世界范围内至今都有着深远的影响。然而,随着全球进入互联网时代,传统定位理论已经不足以支撑起现代企业在市场竞争中的营销战略发展。特别是在中国市场,消费新族群、消费新需求不断涌现,传统定位理论在移动互联网新消费时代下,急需实现本土进化和创新升级。

定位理论:一部不断进化升级的营销攻略

定位理论由艾·里斯(Al Ries)与杰克·特劳特(Jack Trout)发扬光大并确立其在营销领域的江湖地位。事实上,无论在此前还是此后,定位理论本身就是在不断完善修补的基础上实现自身的升级迭代的,这充分体现了生产力水平决定上层建筑这一规律。因为只有相应的市场规模、企业形态发展到一定程度,相关营销理论才有研究、借鉴、总结的基础。在早期的定位理论发展历程中,这一理论落实在营销领域所强调的是广告观念之争。比如提到饮料,消费者就会想到可口可乐;提到快餐汉堡,就会想到麦当劳;提到白酒,就会想到茅台;提到电脑,就会想到联想;等等。这是因为在当时的市场环境下,消费者在市场中依然处于被动接受的地位。当定位广告代表的品牌营销战略早早地树立了标签,消费者把商家品牌与对这个行业或品类的认知关联锁定在一起时，品牌就会在消费者的心智中抢占一个不可替代的独特位置。当消费者产生需求时，会首先选择自己的心智中已经存储好的品牌记忆，并做好购买决策的优先级排序；最终，此品牌商品可能脱颖而出成为消费者的首选，实现市场份额与品牌美誉度的双丰收。

就如同随着坦克的出现，骑兵逐步退出历史舞台一样，社会经济形态、市场体系和消费习惯不断发生着改变，依然固守数十年前确立的定位理论，显然不明智。从根本上来说，定位理论就是在同质化竞争越来越突出的环境下选择的差异化战略，就是要针对竞争对手实现区隔性差异。与此同时，把品牌做成品类的代名词，抢占认知、占领心智。而在市场细分、小众化需求成为趋势，消费升级、体验升级成为主流，互联网崛起带动了长尾市场的前提下，许多坚持传统定位理论的咨询公司依然对经典理论进行机械化套用，无疑就是削足适履了。

很多人或许不知道，早期星巴克只是一家存在于美国市场的咖啡豆经销商，其主营业务并非售卖咖啡饮品。直到 20 世纪 80 年代，一位星巴克营销经理改变了这一切。当时，同样的咖啡，在具有浓厚咖啡文化的意大利产生了更高的溢价，并且深受人们喜爱；而在美国，只能充当廉价饮料。这位经理突发奇想：照搬意式咖啡模式能否改变美国咖啡产业的这一现状呢？

当然，对于这样大胆的想法，根据当时的定位理论，有最好的驳斥理由：星巴克只要做好自己原有的业务，不要挑战美国人心智里没有的东西，盲目追求规模扩张。而这位营销经理决心自己去实现理想，他开设了第一家自己的意式咖啡馆，引入了在美国市场大受欢迎的外卖制度，并在品类上加入了美国消费者十分喜欢的脱脂奶咖啡,其品牌规模开始以惊人的速度迅速成长。再后来,就是大家熟悉的结果,他收购了星巴克却保留了星巴克的品牌,但在经营性质上定位其为连锁业态的咖啡馆。当初的那位营销经理就是现如今为人们所熟知的星巴克创始人霍华德·舒尔茨(Howard Schultz)。时至今日,星巴克成为全球咖啡连锁巨头,回想起它的品牌发展历程,不得不说,如果当时舒尔茨同样死板地恪守定位理论的条条框框,忽略市场和消费者的新需求,那么星巴克或许也将和众多昙花一现的小品牌一样,消失在历史长河之中了。

互联网新消费对定位理论的颠覆

理论作为知识的总结,或多或少都存在着时代局限性,属于营销学范畴的定位理论同样如此。在某个时期内,权威专家学者所提出来的、凝聚了无数智慧结晶的理论体系,的确具有最佳的实战指导性。然而多年以后,当后人再次运用这一理论时,就应当重新审视它。传统定位理论经过多年的传承发展,的确还有众多闪光点值得我们运用,然而很显然,定位理论的先驱们没有预测到:当今的市场形态已经决定了传统定位理论的局限性和狭隘性。

如今在中国市场,依然有许多传统定位咨询公司固守工业化时代的广告和营销理论,它们对互联网时代消费升级下"80后""90后"甚至"00后"等新消费群体的涌现缺乏足够的认识和剖析。从根本上来说,传统定位理论优先考虑的是竞争对手,而不是用户。因为定位的核心是通过建立壁垒及强力控制来抢夺用户的心智。然而，互联网时代的核心是用户体验至上，是开放和连接，是适应多元化、个性化需求的精准对接。缺乏用户层面的战略决策布局，往往会取得南辕北辙的营销效果。

20世纪90年代起，一个新的鞋类品牌——"李宁"诞生了。凭借着体操王子李宁与体育界的渊源，"李宁"的销量多年来在鞋类市场名列前茅。直到2014年安踏上位，"李宁"备受打击，逐步走向下坡。事实上，这是"李宁"品牌拘泥于传统品牌营销理论的条条框框，缺乏营销创新，品牌势能逐步衰减的结果。在意识到重大的营销策略问题后，"李宁"对品牌进行了重新定位，将主要消费人群转向了"90后"。然而，"李宁"在追求新客户的同时忽视了对目标群体的深度洞察——在互联网时代，年轻一代消费者更追求个性化和差异化。与此同时，耐克、阿迪达斯逐步在中国市场站稳脚跟，在消费人群上也进行了延伸，抢占了部分"李宁"的消费人群，这让"李宁"进退两难。定位"90后"对于"李宁"来说反而成了一着尴尬的棋，此时的"李宁"骑虎难下。

如今在中国市场，"80后""90后"甚至"00后"已经逐步成为新的消费主力，而互联网技术特别是移动互联网技术已经极大地改变了人们的消费习惯和模式。在此环境下，传统定位理论的众多核心观点都已经不再适应企业的发展需求。老品牌要意识到一点：以往的定位广告"攻心战"玩法已然失效，要在新时期持续领跑，不被新消费人群抛弃，必须倾听新一代的心声，深刻洞察消费者的需求，让用户内心产生与产品的情感连接。以劲霸男装为例。主打高档休闲系列的男装品牌众多，而劲霸男装把消费群体定位为 25～50 岁的成功男士，打造出展示个性典范、独具成功风采的男装休闲品牌，体现成功人士的沉稳和自信。然而，随着同类品牌不断涌现，原有的品牌定位已经不再具有独家优势。在此基础上，劲霸男装结合近年来备受关注的创业群体，对品牌定位进行了升级转型，将其核心消费者定位为以创业家为主体的 30～45 岁"创富族群"。劲霸男装为"创富族群"提供"商闲两相宜"的高品质服装，让他们的着装更加讲究与得体，劲霸男装也取得转型升级后的巨大成功。

管理大师普拉哈拉德（C. K. Prahalad）曾在《消费者王朝》（*The Future of Competition*）中提出的"以公司为中心"的创新已经消亡，取而代之的是"以用户为中心"的创新。在新消费时代，传统定位理论需要以当下的市场和用户作为完善升级的参照物。时代在发展，定位理论同样需要有大刀阔斧的改革，这也将对未来营销新理论的推广和应用起到意义深远的作用。

新时代下定位理论的玩法

传统定位理论在国内经过 10 余年的推广发展，被"吹上了天"。似乎只要完成了定位，品牌就成功了一大半。该理论的流行，也让一大批定位咨询公司闻声而起。这些咨询公司秉持的大都是特劳特和里斯两位"老人"半个世纪以前的定位理论。然而，鼓吹定位就是战略，定位就是针对竞争对手做区隔，做品牌就是要开创品类、抢占认知……这些传统定位咨询公司的理念用片面甚至是"过时"来形容也不算过分。

定位就是战略吗？

谁也不会否认战略对一家企业至关重要的作用。而定位理论之所以多年来看似无懈可击，很大程度上在于几十年时间里，特劳特和里斯一直在对定位理论做修正和完善。其间，他们推出了系列理论丛书共22本，有意或无意地将定位和战略进行了关联。而在中国，特劳特公司甚至直接提出定位就是战略，将战略和定位完全画上了等号。① 这是在中国才有的营销骗局。实际上，定位是广告战略，或是营销战略，或是品牌战略，却不一定是企业战略，不懂这一点的企业可能会误入歧途。大部分中小企业需要集中资源，对于它们来说，定位是营销战略也是品牌战略，甚至也可能是企业战略；而对于大企业来说，定位就是旗下某个品牌的营销战略。

比如可口可乐，有人说其定位是"正宗可乐"。可实际上，可口可乐公司旗下品牌非常多，包括可口可乐、雪碧、芬达、醒目等汽水类，美汁源等果汁类，原叶茶等茶饮料，冰露等包装饮用水……每个系列可能有多种产品，不可能采用同一定位，比如可乐主打激情和欢乐，芬达传递着有趣，而雪碧更多倡导年轻。日用消费品巨头宝洁，旗下产品包括洗发护发用品、护肤品、化妆品、婴儿护理产品、妇女卫生用品、医药、织物、家居护理用品等，产品品类不同，定位自然不一样。将定位称为营销战略进而升级为品牌战略都不为过，但强行等同于企业战略，很可能让企业越走越偏。

----

① 《专访特劳特中国区合伙人邓德隆：战略就是定位》，王圭，《哈佛商业评论》，http://www.hbrchina.org/2015-11-05/3592_3.html，2015年11月5日。

按照传统定位理论，一个品牌只能有一个定位，因此一个品牌也只能主导一个品类，否则会让消费者的认知出现混乱，对品牌价值产生负面影响。实际情况是这样的吗？不是的。

很多新消费品牌开发创新的产品和服务走的是升级融合路线，而不是差异化路线。比如当年里斯和特劳特在美国极力否定苹果的智能手机，并预言苹果必败，认为其违背了定位理论中的"跷跷板原则"，用户的心智里没有一款能够融合 mp3、手机和电脑的功能手机。与消费者的心智作对，将必死无疑。然而，苹果的巨大成功恰恰开创了手机的新纪元，证明了自己定位的正确。

许多传统营销人士认为新消费品牌要抢占品类认知，并拿出很多定位案例来论证其观点的正确性。实际上，新消费品牌从用户体验出发，在满足消费升级的需求中诞生，而不是一诞生就盯着传统品牌思考如何抢占品类认知。喜茶爆红之前，消费者的心智中并未有"新中式茶饮"这一认知。喜茶爆红的原因并不在于它一开始就确立了精准的定位，而在于它通过产品升级和服务体验升级来一步步缔造全新的茶饮店。如果没有企业家的匠心付出和产品服务体系的全面升级，单靠营销，喜茶也不会成为茶饮行业的黑马。动辄用品类分化和抢占认知来套用解释一切新消费品牌，无疑是不可行的。

新消费时代，受众细分产生需求差异，使很多小众化品牌得以生存。功能性饮料现在除了缓解疲劳的红牛之外，还有满足解酒需求的零醉，以及帮助恢复体力的胡宁玛卡、补充运动中身体所需电解质的佳得乐……这些品牌未必是开创了什么品类，但一定具备产品的差异化特征并且洞察了消费环境。而这些品牌成为行业领先的原因，也并非占领了品类认知，而是切实满足了市场上不同人群的需求。美国精酿啤酒市场有几千个品牌，潮饮品牌也有几千个，这些小众品牌也都有自己的消费群体。美国早就进入了社群分化、需求小众和市场长尾的时代，中国则刚刚起步。个别定位案例的成功不能代表一切，况且老板电器、香飘飘奶茶、长城汽车、诺贝尔瓷砖等案例也都只是表现在广告层面，战略节奏、产品生命周期、品牌生命周期、产业发展周期、行业发展周期、消费发展趋势、替代性竞争、产品业务矩阵、价格要素等一系列真正考验战略功底的服务，目前都没有在定位咨询公司的作业案例中被提及。这种情况下，定位咨询公司变成了帮企业做广告定位的策划公司。因广告成功的品牌案例在中国近 20 年的营销史上数不胜数，但都是阶段性的成功，依赖传统广告和线下渠道起家的品牌企业目前大都面临着新环境下业绩下滑的压力。

传统定位理论十分强调差异化，在广告营销中也非常侧重这一点。在中高端品牌领域，目前市面上粗俗的定位广告无疑是拉低品牌势能的罪魁祸首。宝马从未天天宣称涡轮增压发动机动力有多强，LV 不会强调自己用了多少块高档皮料，而性能更好的本田、技术更为先进的马自达、四驱技术独树一帜的斯巴鲁，却沦为了大众品牌。这也表明，中高端品牌如果没有对品牌形象的塑造和对气质调性的把握，仅仅通过广告来进行产品差异化营销，会导致品牌附加值被不断摊薄。

此外，中高端品牌不仅需要广告营销推广，公关传播和社群互动也都是必需手段。没有公关的加持，没有对品牌全方位的新闻塑造，仅仅凭广告就想让消费受众买单显然行不通了。如果在社群互动上没有培养出能够在气质调性上产生共振的忠实的用户群体，"洗脑式"的广告也只能止步于自嗨。

定位理论的一大观点是认知大于事实，所以要通过定位来抢占消费者的认知，即商业竞争已经演变为"对心智资源的争夺"。这个观点同样有失偏颇。在轻消费决策领域，人们可能不会花太多心思去"证伪"广告。比如王老吉宣传"不上火"，没有消费者会大肆质疑和攻击这一点，很大程度上在于它价格低，对于它是否真正具备"不上火"这一功能，大家只会一笑了之，不会较真。

可在重消费决策领域，认知大于事实就是谎言，很容易被拆穿。长城汽车旗下定位为中高端自主品牌的 WEY 高开低走遭遇"滑铁卢"就是代表性案例。如果没有发动机、变速箱、底盘技术的系统升级，只有品牌认知的大范围宣传和对汽车外观内饰的升级，一时间会有追逐的消费者，可风潮过后，经过大量自媒体和 KOL 的深入解读及用户反馈，事实会迅速传导开来，大批量理性消费者不会再买单。同样，因为被多次投诉涉嫌虚假宣传"遥遥领先"而饱受争议的瓜子二手车被工商部门开出巨额罚单，也闹出了大笑话。在重消费决策领域，这种所谓为了抢占认知而枉顾事实的虚假宣传不应该成为企业和营销机构追逐的营销模式。

商业的本质是为用户创造价值，营销者要去研究的是消费者的需求。需求产生认知，而不是相反。许多企业过度强调用户认知，很大程度上就是混淆了因果。定位理论有许多有价值的地方，可它同样需要面对互联网技术革命带来的巨大影响及新消费环境下年轻人群的不同诉求进行升级。

未来，中国定位理论实践需要思考以下几个方面：

1. 品牌不一定来源于品类分化，融合创新也能成为很好的"物种"。例如网鱼网咖对网吧的升级，该品牌通过舒适休闲的上网环境、超高的游戏硬件配置和浓厚的社交游戏氛围，打造"聚玩圣地"，改变了许多人对网吧脏乱差的固有认知，形成了一个"新物种"。

2. 一个品牌旗下可以产生多个子品牌，依靠母品牌大树生存发展。这一类的代表性品牌自然是苹果。苹果旗下囊括了手机、电脑、音乐配件、医疗配件、玩具、娱乐设备等，每一个子品牌都有自己的品牌战略、营销战略，但依靠母品牌，都有不小的溢价空间。

3. 定位是消费品行业中大部分中小企业的战略，但是对于技术行业来说，产品换代才是战略。比如波音飞机，其战略核心是满足客户的需求，客户的需求永远是性能更好、成本更低的飞机，而满足这一需求必须通过技术升级和产品换代才能实现。

4. 在轻消费决策及快消品领域，认知大于事实这一观点是可被接受的；在高价值、重消费决策领域，谎言会被拆穿。这点通过王老吉案例与长城汽车案例的对比，已经得到了证实。

5. 做企业不一定要抢占品类成为"第一"，成为"唯一"也不错。实际上，在互联网时代和电子商务时代，长尾空间始终存在，这就造就了小品牌的生存空间，例如大量"淘品牌"的存在。

6. 新消费时代，体验升级和产品升级才是根本，抢占认知若没有事实为依据,那就是欺骗,例如瓜子二手车试图以"没有中间商赚差价"来抢占用户认知,但是买二手车的人群中大多数都是精打细算的理性用户,在深入了解情况后他们会发现宣传和事实之间存在着巨大的鸿沟。瓜子二手车的很多负面报道也源于此。

7.品牌生命周期理论告诉我们,单纯的产品广告虽然会有助于提高品牌知名度、增强市场行销力度,但是会让品牌势能早衰,品牌美誉度和满意度处于较低水平。要打造一个高势能品牌,只砸钱做定位广告远远不够。

8.产品生命周期理论告诉我们,某些产品处于生命周期尾端,定位广告可以使之"起死回生",但那只是"回光返照"。香飘飘奶茶如今的困局就是例证。企业千万不要忽略研究消费趋势和洞察用户需求。

9.公关成为塑造品牌的第一手段,如苹果、星巴克、特斯拉、谷歌、Facebook(脸书)、优步等美国近 20 年崛起的品牌,无不是通过公关传播的方式塑造的,而国内的阿里巴巴、蔚来、小米、华为、滴滴、美团等科技企业,以及小仙炖、乐纯、简帛、最生活、乡土乡亲、袁米、赤焰石榴等新消费品牌,无不是通过公关传播塑造的。"洗脑"广告的饱和式攻击正在落为俗套,遭到年轻人的抵制。

10.产业发展周期、行业发展周期及消费发展趋势决定企业发展的速度和规模,企业团队管理、营销、研发、资本、品质等内功不修炼好,一根稻草就可以压死骆驼。不要在涨潮时不穿游泳衣,否则退潮时就会变成裸泳。广告是强心剂也是催命针,秦池、三株、新飞、第五季、五谷道场都是反面教材。

02

新消费时代，
营销的活路在哪儿？

传统营销走向穷途末路

自 20 世纪 90 年代末以来,以产品(Product)、价格(Price)、渠道(Place)、推广(Promotion)为核心的传统 4P 营销理论在中国盛行一时,也成就了娃哈哈、联想、双汇、海尔、王老吉等巨头品牌企业。20 年过去了,这些品牌在产品、传播、销售与用户管理三大维度依然恪守着 4P 等传统营销理论,换来的市场业绩与品牌竞争力却江河日下。究其根本,依托互联网品牌营销迅速崛起的江小白、黄飞红等新锐品牌给出了最好的答案:在消费升级的全新时代,传统营销法则已经失效,新思维、新技术、新模式不可忽视。

传统营销"十宗罪"

其实,从传统营销的"黄金十年"这一时代节点不难看出,20 世纪 90 年代至 21 世纪初,以电视、平面媒体等为代表的宣传渠道和载体正是国人接触信息、了解消费市场的主流通道。可以说，传统营销的诞生和兴盛是适应社会发展、紧抓时代脉搏的当然之举。正是在那样的社会环境和市场背景下，随着商品供给量的逐步加大，物资短缺、供不应求的市场格局逐步改变。在物资供给丰富的前提下，供给市场开始有了竞争，企业普遍认识到营销决定企业的成长速度，营销因此得到了企业的普遍重视。

俗话说："一招鲜吃遍天。"然而在商业领域，国家政策、社会舆情、科技发展、行业变革等众多因素都会从根本上影响消费市场的升级变化。因此，纵观商品市场多年以来的发展变革，很难看到一种商业模式、市场运作技巧能够始终长盛不衰，营销模式同样如此。当然，传统营销并非一无是处。比如，在传统营销时代，人们的生活习惯、工作方式、价值观都比较适应传统的线下消费方式，顾客能直接感受到产品，降低了购买风险，售后方面也更有保障；然而21世纪初互联网开始与人们的工作、生活全领域发生爆炸式、裂变式的融合，可以说，互联网时代的到来，在人类发展史上留下了浓墨重彩的一笔，而在商业领域，互联网也让传统营销模式逐步走下神坛。

无论是过去还是现在，营销的真正目的始终是吸引消费者关注并激发需求，进而提升品牌与产品的影响力，通过产品热卖占有市场份额。而在互联网加速融入社会，成为广大消费者不可或缺的信息渠道乃至基本生活工具之后，诸如宝洁、可口可乐、娃哈哈、联想等老牌巨头却并没有从战略层面认识到依托互联网媒介和渠道创新营销方式的必要性。以宝洁为例，作为日用消费品的行业巨头，这个曾被人们津津乐道的品牌之王似乎在一夜间便辉煌不再，业绩持续低迷。因为营销战略上的失策、产品老化及渠道老化,它一度备受质疑。

从进入中国市场开始,宝洁就是传统 4P 营销理论的忠实捍卫者。宝洁在广告代言人的选择上从不吝啬,张曼玉、林志玲、李易峰、杨洋、TFBOYS、何穗、张艺兴、鹿晗……宝洁就像是画了一个圈,把娱乐圈中的当红明星都圈了进来。可见,宝洁在广告气势上一点儿也不输那些奢侈品牌。

在大工业时代,宝洁步入中国市场后占据先机,开发全线产品覆盖中国消费者,从而一举成为中国消费者购买频次最多的品牌之一。然而随着互联网时代的到来,无数品牌蜂拥而来,以独特创新的营销方式吸引了绝大部分消费者,宝洁式的传统营销打法被击溃,在追求营销方式变革之时,宝洁忽视了最根本的产品创新升级,导致最后就算是不断缩减品牌和产品线也无济于事。有业内人士曾评价宝洁的传统营销方式受到了互联网时代的非常大的冲击。①

过去依靠大规模的广告轰炸强势对消费者进行"洗脑"的营销时代一去不复返。

再看国产饮品巨头娃哈哈。似乎提及娃哈哈,许多人就会下意识地联想到其曾经的品牌代言人著名歌手王力宏。不得不说,在传统营销模式的黄金年代,娃哈哈无论是在广告方面还是在全方位的品牌推广方面都是行业典范。然而多年过去,娃哈哈在产品上多年跟风而创新不足的劣势越发

---

① 《宝洁帝国的没落,是自甘堕落还是时代所迫?》,中投财富圈,搜狐网,http://www.sohu.com/a/220558077_556856,2018 年 2 月 2 日。

突出，特别是它未能迎合当前主力消费人群的需求对产品进行升级换代。更深层次的原因则是宗庆后独断的管理模式，没能建立起健全的年轻化的营销人才梯队，并且在市场营销上过度依赖传统的"联销体"渠道模式。娃哈哈在2013—2017年五年间营收缩水300亿元的惨痛现实，也让越来越多秉承传统营销模式的企业开始思考转型升级。

细数国内品牌最近十年在传统营销上的得失，可以总结出"十宗罪"：

1. 重电视、电梯广告，轻公关媒体；

2. 重传统渠道关系营销，轻线上渠道布局发展；

3. 规模化大生产，忽视个性化需求；

4. 低价倾销，忽视消费升级；

5. 只关注国内竞品，忽视进口商品；

6. 重短期业绩，忽视企业长期战略，犯"营销短视症"；

7. 营销战略错位，用作企业战略搞垮企业；

8. 漠视自媒体KOL及社群；

9. 重产品宣传，忽视品牌调性的打造；

10. 老品类生命力不足，缺乏对新品类的培育。

一句话：传统营销本身并没有错，不懂与时俱进、真正抓住市场需求，而是固守教条，这才是众多行业巨头陨落的真正原因。

营销模式的创新转型：化被动为主动

我们常说，市场和消费者才是最好的试金石。曾经，传统营销从报纸、广告到电视营销,不仅展现方式愈加完善,而且拥有十分优越的传播条件。如今,依托互联网营销,从微信、微博等自媒体,到现在的企业直播、话题热点等,营销模式无时无刻不在发生变化。无论是传统大咖,还是行业新军,都在积极探索转型升级。

俗话说:亡羊补牢,为时未晚。前文提到的娃哈哈兴于传统营销,也衰于传统营销。而在当下,认识到问题关键的娃哈哈也在积极尝试着转型升级。据了解,目前娃哈哈正在学习面对不断变化的营销大环境,如何保持开放合作的心态,积极拥抱互联网,升级与年轻消费者的沟通方式,探索营销的边界。自 2015 年来,娃哈哈不断试水跨界营销,与多家新兴互联网企业强强联合,达成品牌共赢的效果。此外,娃哈哈还积极利用微博、微信等新兴媒体平台进行品牌推广和产品营销,策划与品牌相关的、有高度传播性的线上活动,一系列卓有成效的新型营销方式让企业重新焕发活力。

可能有些人会认为,相对于传统营销而言,以互联网为特色和优势的创新营销无非就是眼球经济或话题营销。其实不然。如前文所阐述的,营销的根本目的依然是销售,为了获得市场份额和取悦消费者。因此,营销模式的转型升级更需要在思维和手段上下足功夫。任何商业活动都有定位问题,即你的服务对象是谁?你怎样去赢得服务对象的认可和长期支持?根据服务对象的需求,你怎样进行产品设计和品牌推广?围绕这些核心问题做好营销战略的成功典范,如今市场上大红大紫的江小白就是其中之一。

成立于 2012 年的江小白在最初的两三年中都默默无闻,也未获得广泛认可。然而借助移动互联网的发展契机,江小白在短短半年时间内完成了

"逆袭"。在江小白官网上，曾经有这样的介绍："江小白提倡直面青春的情绪，不回避、不惧怕"，"与其让情绪煎熬压抑，不如任其释放。"众所周知，在互联网时代，"90后""00后"已然成为冉冉升起的消费新族群。江小白的品牌宣言决定了其市场定位于年轻群体。在营销战略上，江小白对自己产品的界定并没有仅仅局限在"青春小酒"，而是将其称为"情绪饮料"，并且提出了"不回避、不惧怕，任意释放情绪"的宣言，这种对年轻客户群体心理的把握可谓切中要害。

值得一提的是，在营销战略层面精准定位了客户群体的同时，江小白也对这个客户群体的生存状态、经济收入、心理状态等做了一定的研究，并针对结果提出了自己的品牌文化理念，打下了得以成功逆袭的最重要的群体基础。通过网络爆点话题乃至跨界创作动漫等多元化的形式，江小白成为众多年轻消费者的首选白酒品牌，取得市场的巨大成功。

从上述案例不难看出，相比于传统营销模式的按部就班，新时代的创新营销模式更需要化被动为主动。一方面，在经营上对客户要有精准的定位，只有精准定位你要服务的客户群体，你才能有的放矢。另一方面，要结合自身优势，寻找适合当下的推广方式进行营销。针对不同年龄阶段的用户，如何进行互动式商业推广，如何给产品包上情感的外衣，如何包装自己的品牌IP故事，在新消费时代显得尤其重要。众多传统大牌的没落已经用血淋淋的事实宣告传统广告轰炸的单向营销模式失效，只有勇于走出创新变革的一步，才能在当下及未来站稳市场，为后续发展奠定坚实的基础。

营销战略是企业成功之剑

当下,市场竞争已经进入企业营销实力的深度比拼时代。即便营销实战理论在发展演变中已经成为一个庞大的系统,但依然有许多企业没有真正地从战略层面上对此给予高度重视。无论是管理架构、战略布局还是全新渠道,在市场经济新时期,只有把营销战略作为企业"一把手工程",在创新求变的基础上对接市场,才能为企业带来持续不断的增长动力。

系统化营销即是企业经营层面上的战略"一把手工程"。

事实上,营销绝不仅仅局限在广告层面。营销对企业来说是一个系统,它包含了产品研发和推广、品牌广告和形象管理、整合营销传播、媒介公关、渠道分销,以及客户关系管理(见图5)。可以说,营销层面的战略布局直接影响着企业在经营发展中的规划和布局,也是企业得以立足发展的重要前提。

其实,无论是纵观全球500强企业的发展历程,还是对各领域的行业翘楚进行针对性分析,我们都会发现,但凡是充满进取意识和创新精神的企业,无一不是在营销系统的战略整合上走在了行业前列。从某种程度而言,一位堪称优秀的企业掌门人,本身就应当是一位高瞻远瞩、睿智卓越的营销大师。

毫无疑问,乔布斯成就了苹果公司的辉煌,也开启了全新的智能手机时代。纵观他传奇的一生,我们会发现,乔布斯不仅是产品创新领域的好手,

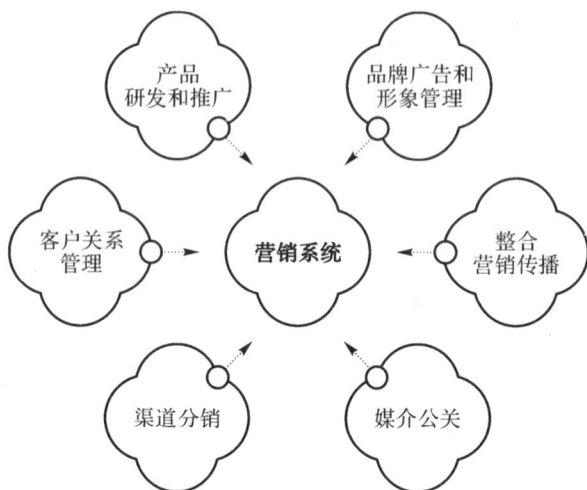

图 5 营销系统示意

也是一位不折不扣的营销大师。每一届苹果新品发布会之所以能聚集全球目光，除了产品本身的话题度和吸引力之外，乔布斯这位营销大师均现身说法，以掌门人的身份为新品做营销推广，这也是聚集无限流量的原因所在。在很多企业依然苦苦寻求营销方式的时候，乔布斯用一场场充满创意的发布会诠释了营销的最高境界。"乔帮主"给营销界带来的启示是：1.寻觅一位好的企业代言人；2.创造一款伟大的产品；3.坚持自己的信念；4.舍得为新品发布会花钱；5.创造极佳的体验；6.做好保密工作，制造神秘感；7.找到一个对手；8.将粉丝变成"布道者"；9.不要过多地谈论产品；10.使用图片、文字做内容营销。这些理念通过无数实战验证，成为许多企业借鉴学习的"营销宝典"。

传统企业需要面对新环境建立行之有效的营销战略。企业如果缺乏掌握系统营销理念的战略掌门人,就需要在内部进行大量协调工作,往往会在烦琐的流程和会议讨论中错失时机,也会面临各个部门没有绝对领导人集中管理负责、权力分散、行动无法统一的问题。这样的局面会导致营销无法形成系统合力,自然也就无法对竞争对手形成战略威慑和压力。

营销作为企业经营战略层面的系统工程,需要强大的团队执行力。面对新环境,营销工程需要进行集中化管理,从营销战略制定、产品设计和研发、品牌广告和形象管理、整合传播、媒介公关到渠道分销,都需要纳入企业"一把手工程",这样才能让企业真正充满活力与竞争力。

营销创新是市场新环境下企业的立足之本

管理学大师德鲁克曾经说过:"企业的目的只有一个,那就是创造顾客。""企业的目的是要创造顾客,因此企业只有两种基本功能:营销与创新。"[1]无论是国外还是国内,至今依然存在对营销理念的狭隘观点。特别是在许多传统企业内部,营销部的主要职能就是渠道分销和市场促销。营销部虽然也有营销总管统领,但在企业内部分工上,产品研发和渠道分销、市场推广、媒介公关、整合传播、品牌广告等都是割裂的。而在新时期,营销创新已经成为推动企业发展腾飞的动力之源,被新时期的企业家充分运用在商战之中。

---

① 《管理的实践》,[美]彼得·德鲁克著,齐若兰译,北京:机械工业出版社,2006年1月版。

作为营销领域的大师级人物，舒尔茨堪称营销实战方面的集大成者。和新兴产业相比，传统产业要想进行创新升级，难度可想而知。在咖啡连锁这样一个传统行业，看似简单的谁都能做的生意中，也有公司逆转再造的营销传奇，可以被很多企业复制学习。

舒尔茨对星巴克的经营模式创新堪称经典。2008年重掌星巴克大权之后，面对品牌经营惨淡、业绩急速下滑的局面，本身便是营销主管出身的舒尔茨主抓了星巴克的模式创新和营销创新并亲自代言。他在引入意大利咖啡文化并增强用户来店体验的同时，推出了回馈计划和忠诚度计划以留住老客户，并利用 Facebook、Twitter、YouTube 及官方品牌社区 MyStarbucksIdea 等网络平台同步展开营销活动。在采购环节，通过"咖啡与种植者公平规范"策略，支持在非洲的咖啡种植者；在销售环节，推行门店的环保认证和纸杯的循环利用，使星巴克成为环境保护的领军者。终于，星巴克实现了超出投资人预期的营收增长和品牌价值提升。

作为全球饮料领域的龙头企业，在设立 CMO（首席营销官）这一职位24年后，2017年，可口可乐正式取消 CMO，设立了 CGO（首席增长官）这一新职位。这看似是可口可乐企业内部的一次岗位调整，实则从侧面反映出可口可乐这家老牌企业对营销创新的重视。众所周知，作为现代公司的标配，CMO 是除了 CEO（首席执行官）、COO（首席运营官）和 CFO（首席财务官）之外的关键性高管职位；而在可口可乐这样高度依赖营销的快消品公司，CMO 更是一个非常重要的角色。CGO 这一职位则来源于硅谷技术公司的增长黑客（Growth Hacker），是介于技术和市场之间的新型团队角色，主要依靠技术和数据来推动用户增长。之所以进行大刀阔斧的职位改革，正是因为传统营销已经不再适应当代市场竞争的趋势。据悉，可口可乐每年投入巨大的营销费用，但效果并不太好；而与此同时，全球消费者对碳酸饮料的排斥心理日渐增强。在这样的背景下，可口可乐必须像技术公司一样懂得如何推动一个全新产品的快速成长，CGO 显然比 CMO 更能胜任这一业务转型带来的挑战和需求。

再看国内。短短十多年时间里，阿里巴巴商业帝国已经成为全球互联网经济领域的标杆品牌。成就阿里巴巴商业奇迹的最大推手，就是在创新营销上有着非凡造诣的马云。今天的阿里巴巴之所以驰名中外，在某种程度上也依赖于马云独特的营销理念；特别是在公关传播上，马云通过一次次巧妙布局为阿里巴巴的宣传推广加油助力。

从创立企业和品牌之初，马云就不仅亲抓阿里巴巴及淘宝、天猫的命名，更不遗余力地亲自为其代言，这并非只为获取眼球效应，而是马云对创新营销的灵活运用。早在 2005 年，马云代言淘宝 PK 全球电商巨头美国 eBay，邀请金庸、克林顿助阵"西湖论剑"。这一系列事件经媒体和网络传播持续发酵后，形成了难以想象的市场关注度，马云在营销创新方面也展示出非凡的驾驭能力。

和当时国内的搜狐、新浪、网易三大门户网站，以及百度、当当等互联网巨头相比，曾经的阿里巴巴无论在规模还是影响力方面都无法与之抗衡，马云便通过在营销领域的一次次创新推动行业变革。从"西湖论剑"到网商大会，再到"双十一"，紧抓互联网时代脉搏的马云一次次站在创新营销的前沿，最终成就了阿里巴巴今日的辉煌。

新时代的市场案例充分证明：对于企业而言，营销已经成为企业的战略选择。作为企业经营管理的"一把手工程"，营销战略不仅要在企业内部有系统化、专业化的部门支撑，更要拥有足够的话语权。与此同时，企业的增长必须建立在营销创新之上。传统营销已死，面临新环境，企业只有打破组织内职能割裂的状况，才能实现涅槃，以绝对创新实现企业增长。

03

微电商的衰落和
新零售的崛起

电商"流量黑洞"和传统淘品牌衰落

随着互联网经济进入竞争下半场,传统电商开始进入发展的瓶颈期。一方面,腾讯、阿里等行业巨头瓜分了流量市场;另一方面,社交领域仍在不断创造新的流量红利,如微信、抖音等社交 App,吸附了越来越多的用户,也让"流量黑洞"成为众多中小电商平台无法挣脱的桎梏。在此大环境下,传统淘品牌的特色化标签荡然无存,衰落在所难免。

电商平台"成也流量,败也流量"

可以说,各大电商平台的蜂拥崛起,正是得益于流量经济的强力助推。有流量就有关注度,有关注度就能吸引用户、打开市场,进而投入产品研发和生产。流量经济俨然成为支撑电商平台生存发展的核心所在。随着社交平台的供应链、支付环节等基础设施逐渐完善,用户的消费决策和购物习惯更倾向于关系推荐和创新玩法，导致这一波社交电商风口来得格外扎实。

只要深入探索便不难发现，尽管电商平台在流量经济的刺激下呈现出无比繁荣的景象，参与这波社交电商浪潮的企业形形色色，但这终究还是腾讯和阿里的游戏——一个掌握着中国最大的社交平台，掌管社交流量分发大权；一个则是中国最大的电商平台，在电商运营和商业创新上无出其右者。电商平台的流量红利，在经历了初期的爆炸式、裂变式繁荣后迅速冷却，"流量黑洞"成为广大电商平台不得不面对的发展瓶颈。

一直以来，依赖互联网市场生存的电商企业无一不重视流量购买，越来越多的电商品牌把经营重心放在流量导入和低价爆款打造上，而非品牌口碑塑造和受众经营上，众多电商平台也忽视给予品牌成长的空间，在建设品牌成长环境上缺乏付出与耐心，一切唯流量为核心。在利润连年走高的同时，忽视了产品质量和用户体验的电商企业却在一步步丢失市场和口碑。最终，在全球化竞争的惊涛骇浪中，越来越多的电商企业倒在流量的"双刃剑"下。事实上，在许多电商企业依然沉醉于流量带来的市场之时，也有一些有识之士认识到"流量黑洞"这一问题，开始了转型升级。比如，众所周知的皮鞋品牌奥康，面对业绩持续下滑和市值不断缩水的境况被迫转型，与美国第二大运动鞋品牌斯凯奇达成战略合作关系，进行产品结构化调整，实现品牌化升级。

曾经，奥康也同众多企业一样，在电商平台上持续投入，然而，"一天时间销售了 50 万双鞋子,发现利润没多少"①,这样残酷的事实最终让企业高层做出战略决策上的改变。正如奥康董事长王振滔所言:"电商不能作为我们发展的方向,只能作为一个补充,线上线下结合起来。如果单一做电商,基本上赚钱的没有几家企业。"②

诚然,如同开设在商业区的传统店铺一样,顾客越多,营业额越高,流量为电商企业带来的利润亦不容小觑。互联网三巨头 BAT 因为超高的流量资产而确立了行业地位,人人因此都想走上通往罗马的林荫大道,然而消费流量的路上真的一马平川吗?其实不然。特别是当今市场,当商品供应越来越丰富、用户的选择越来越多样时,中间市场将逐渐消失,市场呈现出细分化、小众化的特点;尤其是在线上,选择更多,消费者的个性化需求更为明显,大品牌会被无数更专业或者更细分的小品牌"肢解"。可以说,单靠流量生存的日子将一去不复返。

传统电商关注流量实属正常,但"烧流量"的方式将会把产业的发展路径堵死,长期来看这种方法并不划算。另外,流量很难催生品牌影响力,企业做再多的消费性流量广告也只有短期效果,对品牌的助力不大。在"流量黑洞"现象越来越突出的今天,不寻求突破和改变,流量不仅不会再变现为红利,还将成为拖垮企业的催命符。

---

①② 《对话奥康国际董事长王振滔:不会大力发展电商 皮鞋行业处竞争拐点》,王敏杰,每日经济新闻,http://finance.sina.com.cn/roll/2017-01-11/doc-ifxzkssy1871375.shtml? cre=financepagepc& mod=f&loc=5&r=9&doct=0&rfunc=100,2017 年 1月 11 日。

传统淘品牌无法紧抓用户需求

当下，传统电商及众多淘品牌的衰落已经是不争的事实。权威数据显示，如今线上运营成本节节攀升，传统电商品牌普遍面临增长乏力的问题，这是因为电商品牌进入了同质化时代，线上的流量红利不再。在消费升级的市场环境下，"80后""90后"成为消费主力，和原有的消费主体关注性价比不同，新的消费主力人群更加注重产品品质和用户体验，线上商品低价同质化竞争的时代成为过去。

鉴于流量方面的原因，依赖于电商平台生存发展的一大批淘品牌如今不得不面临生存危机。淘品牌曾经是时代的宠儿，然而也难以抵挡时代的新一轮变革。其实仔细回想，淘品牌的衰弱不无道理。多数淘品牌凭借电商流量发家，把流量当作销量的做法其实已谬以千里。趁着流量红利不断进行促销打折，虽然短时间内销量上去了，但品牌的廉价感也越积越深；加上淘品牌们本身兴起不久，用户积累不够，又屡屡犯营销短视的错误，品牌走下坡路可想而知。

在品牌发展的过程中，单纯的销售额导向和大幅度打折，不仅透支了品牌的前景，也损失了用户口碑，让品牌口碑与形象一落千丈。

毫无疑问，传统淘品牌的成长没落取决于流量的变化。如今，流量玩法不断升级，从搜索到内容到直播再到短视频，受制于流量，许多墨守成规的传统淘品牌始终难以壮大。曾经，互联网作为新兴产业在高速发展的同时催生出许多新产品和新服务，品牌会享受到极大的先发优势，这就是流量红利。然而随着现今互联网布局的成熟，这些第一批吃螃蟹的创业者正面临亟待解决的转型问题。

阿芙精油、御泥坊、三只松鼠这三个品牌曾经是互联网流量红利的受益者，在众多同业淘品牌开始走向衰落之际，它们不再单纯依赖电商平台的流量导入，而是主动求变，采用品牌化运营提升流量。以三只松鼠为例。该品牌可以说是互联网时代下转型较为成功的淘品牌之一。除了从电商平台引入流量，三只松鼠从目标用户切入，精准定位"80后""90后"人群，开展品牌营销，打造年轻化品牌，根据年轻人的消费需求和偏好来进行产品研发；它关注目标消费者的内心诉求，倡导"慢食快活"的生活理念，给予消费者最贴心的情感关怀。另外，三只松鼠还关注消费新升级和年轻化的需求，采用呆萌的卡通松鼠形象，加强品牌IP塑造和人格化表达，抓住泛娱乐潮流，开展跨界合作，在诸多热播电视剧中植入IP。全面塑造品牌IP，重视消费者，和消费者共建品牌，在营销创新上不断迭代升级，造就了其能够在低价同质化竞争的电商平台中脱颖而出的核心能力。可以说，这一改变从根本上确立了三只松鼠的差异化标签，三只松鼠也用最接地气的营销方式抓紧用户需求，在不断获得用户好感的同时取得流量端口的突破。

曾经200元的客单价是中高端电商品牌的"生死线"，商品价格超过200元，电商品牌普遍就难以生存，而伊米妮包铺是另类。不同于其他淘品牌，伊米妮趁流量风口在电商平台上首先入驻，在流量红利逐步消失后开启品牌化道路。伊米妮抓住品牌的核心消费人群，精心打磨产品质量，强调品牌个性，传递真皮的品牌价值。它除了在"淘系"内做流量和商品运营外，还在社群运营上投入了巨大的人力和物力，培养了一大批忠实的"包粉"，这在所有淘品牌里是一个经典的案例。不久以前，伊米妮还是一个纯线上的包包品牌，如今，伊米妮已经主动追随新零售的发展节奏入驻线下商城，已然成为淘品牌落地的典范。

显而易见，"流量黑洞"带来的传统电商行业危机正在不断加剧，线上新电商平台层出不穷，移动电商纷纷崛起分食传统电商市场，这些因素导致了传统电商普遍利润大幅下滑，甚至难以保本，一年辛苦到头结果倒贴的现象很普遍。尤其电商平台上的商品竞争已经进入白热化阶段，搜索比价是"致命杀手"，低价爆款拦截流量，让好产品难以被消费者发现。而一直以来，移动流量的来源依赖于内容运营，其高昂的人员成本让一般企业望而却步。消费需求改变，运营成本增加，这两大因素成为压垮众多单靠流量维系生存的传统淘品牌的重锤。

无论是过去、现在还是未来，传统品牌丰富的线下渠道网点布局和日积月累的消费者口碑，是众多淘品牌无法比拟的优势所在。业内人士表示，以流量购买为生的淘品牌的没落是市场发展的必然趋势。"在强手如林的品牌世界中，淘品牌的出路其实就在于'新'。淘品牌曾因敢于尝试敢于创新而在风口被吹上了天，如今更应积极主动寻求另一个风口。"①

---

① 《电商红利消失，"淘品牌"该何去何从》，美商社，搜狐网，http://www. sohu. com/a/135403358_387875，2017 年 4 月 21 日。

"割韭菜"不灵了，传统微商正在快速衰败

数年前，"微商"这一新生名词在争议中迅速成长。从微商创业、微信朋友圈的暴力刷屏，到各种花样百出、令人眼花缭乱的微商项目，微商这一依托互联网而生的商业形态经历了迅速爆发的红利期。然而随着时代的发展，特别是"割韭菜"模式存在的众多问题逐步显露，传统微商的快速衰败在所难免。

再见，传统微商

传统微商没落已成既定事实，没落背后的原因则发人深省。传统微商业内的普遍做法是利用朋友圈内相互信任的关系"拉人头"，采用的是上下多等级管理模式。操盘者的功利心态导致三无产品、传销骗局、炫富诱导等问题充斥业内，囤货、压货成为入局者最大的困扰，这也导致愿意从事微商事业的人越来越少。反观整个微商群体，任何销售都应建立在有适合消费者的产品之上，而不是人头。虽然有些微商仍以销售产品为主，但在快速回笼资金的驱使下，很多微商代理不断降价促销抛货，产品本身陷入死局，无法获得更多人的信任。当微商上下游无法实现健康循环时，传统微商也就逐渐失去了用户支持。

其实从传统微商的发展来看，拉人头和多级代理销售模式是其必用手

段，早期入局的很多品牌都依赖微商模式迅速崛起。但同时也存在着一个不可忽视的事实：底层代理永远是最苦的群体。不同层级拿货价格不同，层级高的价格就实惠，而底层代理商只能默默进货、囤货、销售，一旦销售链断了，底层代理商就面临清货的压力，上级代理商则不需要面对这个问题。在多级分销的商业模式下，各级代理通过发展下级代理商来获取差价，而产品的销售则交付给底层的代理商。拿货成本高，获取利润有限，底层代理商只能买断高级资格让自己"升级"。这种"割韭菜"的模式一开始确实让很多微商尝到了甜头，其本质无关产品销售，而是人头数量的争夺。然而，新零售的崛起让一切都发生了变化。新零售带来的最大变化是销售渠道的去中间化和扁平化，传统微商仍停留在多级分销模式上，其衰落之势可想而知。

众所周知，一旦一个行业有了巨大的市场利润，自然就会催生一大批急功近利的"淘金者"。如同十多年前近乎"野蛮发展"的保险业一样，在微商爆发式发展的几年里，大量全职宝妈和赋闲在家的人成为微商主力军。在各种"鸡血""鸡汤"刺激下，这些打着所谓"创业"旗号的微商大军通过朋友圈"地毯式"的广告轰炸大肆宣传，逐渐让越来越多的人谈"微商"色变。由此来看，微商在快速发展的几年中缺少了沉淀与积累，由非职业化的销售代理人作为市场主力，一度盛行的"熟人经济"无法支撑起海量销售，结果火了微商总代，坑惨了各个下家，历年来崩盘的微商品牌不计其数。

微商成于产品，同样败于产品，越来越多的微商只关注"割韭菜"时的盈利情况而忽视产品这一根本要素。多数微商聚集于保健品、酒水、面膜等领域，凭低价生产获取高额层级差价，致使劣质产品甚至假货流入消费者手中。随着媒体曝光及消费者认知经验的不断提升,微商想要继续轻松"割韭菜",显然只是一厢情愿。

其实,对于传统微商来说,不管是熟人社交还是平台担保,最重要的是建立信任感。一旦失去了信任,微商很难再和消费者形成买卖关系。微商的最主要阵地是朋友圈,然而近几年朋友圈被过度消费,地毯式广告和产品信息刷屏引起了人们的强烈反感,微商已经失去其赖以生存的信任基础。在品牌竞争日益激烈的市场中,传统微商的生存空间会越来越小,最终将被无情淘汰。

在此也可总结出传统微商的"十宗罪":

1.急功近利,以赚人头费为目的,而非以产品销售为目标;

2.除了拓展代理外,营销更多依附于工厂,品牌并无太多决策权;

3.产品起盘快,崩盘也快,操盘手普遍缺乏销售管理功底;

4.终端库存积压严重,价格管控名存实亡,代理抛货随处可见;

5.朋友圈暴力刷屏、粗俗推销,大大降低信任度;

6.产品宣传多打擦边球,以"洗脑式"培训、"击鼓传花式"骗局为多;

7.明星演唱会、海岛庆功会、招商起盘会,套路多、真货少;

8.用户社群反馈吐槽一片,网络谣言四起骂声一片;

9.产品多为迎合代理渠道开发,而非真正满足市场需求;

10.老产品、库存产品改头换面,虚假营造工厂转型升级。

传统微商转型升级：不破不立

在"割韭菜"时代即将终结之际，传统微商如何实现转型升级，是无数微商从业者关心的话题。事实上，在新的政策机制和市场环境下，微商的转型升级也面临着不同的选择和机遇，一切还需酌情考虑。

如今，尽管微商已经被市场及国家政策所熟知与部分认可，但仍有很多个人及商家为了短期的利益，利用微商渠道的隐蔽性、不易监管、市场混乱等特点，生产和销售正规市场上明令禁止的东西，无视国家法律，重复"圈钱—跑路—换品牌圈钱"的套路欺骗代理商与消费者。而近年来，社交电商迅速崛起，主打社交团购的拼多多成功上市，不但创下国内电商企业最快上市的纪录，甚至市值一度直逼京东。云集微店、环球捕手等社交电商平台也取得了超常规的发展，一些平台店主的收益突破百万级别，获得了巨额融资。与此同时，《电商法》出台后被认为迎来政策利好的微商行业，却呈现整体不进反退的下滑态势。微商行业面临前所未有的发展困境，转型成为当下行业内的焦点话题。

传统微商转型升级首先要解决的问题就是如何规范化运作和管理代理商群体，以及如何打造品牌化产品，让消费者产生信任进而持续消费。新微商要想获得稳定发展就要直面问题，在法律允许的范围内利用好移动互联网工具带来的信息优势，顺应时代潮流为升级消费需求和满足不同消费人群推出有竞争力的产品，永远都不要忘记商业的本质是为用户创造价值。

首先,好产品是一切成功的营销模式的前提。在移动互联网时代,口碑分享和用户体验都是营销人应考虑的关键因素,要坚决摈弃传统微商将劣质商品改头换面进入三四线市场圈钱"割韭菜"的游戏。真正站在行业长远发展和企业长久生存的角度,为品牌产品找到适合的消费人群,运用先进的移动互联网工具进行快速传播,这才是微商模式的正确"姿势"。产品没有可见的效果,就不会被市场所接纳。产品的市场口碑就是最好的推销员,用事实说话,不夸大产品功效,认真对待每一位消费者。针对微商代理进行专业的知识培训,不吹嘘、不作假,打造专业化微商团队。

其次,不是所有的微商都只有社交电商这一条路可走。现如今,随着环球捕手等社交电商平台的发展,微商品牌纷纷加入这些社交电商平台,也有一些品牌想转型为社交电商平台。但在这一过程中,一个不得不引起重视的问题是:和现有的成熟社交电商平台同场竞争,没有全面的流量运营体系、用户管理体系、品牌商品供应链体系、完善的售后服务体系等多方面的强力后盾,盲目布局只会落得粉身碎骨的下场。转型社交电商平台不仅要有一定的技术实力,也需要具备一定的用户基础和资金支持。单一微商品牌应当另辟蹊径,从社群入手向区域市场发展,寻找自身产品爆点与营销推广方式,进而开辟全新的商业格局。

值得一提的是,由于社交圈子的封闭性、中国地域的广阔性和消费偏好的多样性,传统微商在选择升级转型的同时,还应当充分考虑到品牌竞争的差异性。前文所提到的社交电商平台固然是市场主流,但显然不是大多数微商品牌特别是中小型微商品牌的首选,因为平台竞争要比品牌竞争来得更加激烈，中小型微商品牌往往不具备跟社交电商平台谈判的实力。相对而言，转型为新消费品牌可能是大多数微商品牌的现实之选，毕竟产品、品牌和团队多少有一定基础，如能将竞争优势充分发挥出来，效率会更高；要转变团队的思想认知、重构管理体系，现有团队不是弱点，而是核心优势，转型反而简单。企业只要做好产品供应、售后服务与品牌推广，深耕社交渠道，发展全国经销商，线下多渠道铺货，变传统"割韭菜"经营模式为品牌差异化竞争模式，传统微商品牌转型升级后同样可以拥抱新的市场与机遇。

同质化竞争、惨不忍睹的产品质量、万恶的代理制度，加上从业者自身素养的参差不齐，这些因素的叠加与集中爆发，让传统微商的"割韭菜"模式不再灵光。在快速衰败的过程中，所有从业者应当早日认清形势，精准分析市场与自身，尽快转型升级。

新零售红利还能持续多久?

新零售的概念自从 2016 年被提出以来一直火爆至今。传统渠道纷纷转型,线上品牌也纷纷开启线下融合模式。一场互联网新零售的变革正在国内形成铺天盖地之势,谁都想搭乘上新零售的列车,在转型中找到自我发展的新动能,尽可能多地抓住迎面而来的机遇和红利。新零售的红利究竟是如何被"捕捉"的? 红利期还能持续多久? 在红利期,我们应该做哪些事情? 下文将探寻这些问题的答案。

我们首先要理解,什么是新零售。通俗地说,新零售是通过大数据、人工智能等技术手段,对商品的生产、流通与销售过程进行升级改造,重塑业态结构与生态圈,并将线上、线下深度融合,让企业获得更多盈利可能,同时也为消费者提供更好的服务体验。从这个概念中我们可以看出,新零售既有一定规则,又包含了无数可能的模式和玩法。传统电商已死,未来电子商务平台即将消失,线上、线下和物流结合在一起的新零售,将在很长的一段时间里成为零售主流打法。

消费升级和降级下的新零售

渠道体验的升级,是新零售红利的一大表现。

消费升级带来产品和服务升级,渠道体验也纷纷开始升级。2017 年,

"农村消费的增幅超过了城镇消费，这或许也是阿里巴巴、京东商城、苏宁易购等平台发力农村电商的动力所在"①。传统电商巨头通过渠道升级布局新零售的脚步越来越快。阿里巴巴先是与百联集团达成战略合作，随后又收购高鑫零售部分股份，成为欧尚超市、大润发超市的股东。腾讯也在2017年年末大举入股永辉超市，以帮助京东商城打通线下场景。苏宁云商、美团点评、京东、饿了么、猩便利、果小美、每日优鲜等一批公司则瞄准了无人零售市场……带动传统卖场渠道全面升级的盒马鲜生，更是其中最典型的代表。

盒马鲜生的相关负责人曾说过一句话："高端的产品，应该到高端的渠道去销售，如果是大众的商品，应该到大众的渠道去销售。"②这句话看似简单，实际上却暗含了盒马鲜生渠道变革的精髓。结合新一代消费群体的需求，盒马鲜生对人、货、场进行整体重构，结合了超市、餐饮，将其有机融合，充分满足了年轻消费群体对便捷购物的需求，实现了对最大范围消费群体的覆盖。不收现金，挂牌支付宝会员店，价格比一般超市便宜5%～20%；超强物流，5公里之内免费送货；实体购物＋餐厅卖场，打造一体化消费……可以说，人、货、场重构赋予了门店更新、更强大的功能。物流配送、商圈设

---

① 《新零售催生红利：2017年网上零售额超7万亿增长32.2%》，陶力，21世纪经济报道，https://baijiahao.baidu.com/s? id=1589988025480864637&wfr=spider&for=pc，2018年1月19日。

② 《18个月，从一家开到三十家，盒马鲜生是怎么抓住消费升级机遇的》，新农堂，https://www.sohu.com/a/163636345_186229，2017年8月10日。

定及线上线下融合,在国内生鲜零售圈尚属首例,是一种全新的生鲜经营模式——将新零售创新应用于自身业务变革的盒马鲜生,真正实现了用新零售为自我赋能。

从盒马鲜生的成功可以发现,它获取到的新零售红利,归根结底是消费升级带来的机会。所以,对类似领域的零售商来说,抓住消费升级的机会,去关注新的消费人群的需求和行为,才能把新零售玩好——而不是生搬硬套别人的新零售打法,那样是没有任何意义的。

那么,是不是只有在消费升级的大环境下,新零售才有用武之地?当然不是。

拼多多、趣头条等"消费降级"平台得到了大量人群的青睐,说明低价商品在国内还很有市场,而在"消费降级"的场景中,依然可以实现高效和优绩。以拼多多为例,它实际上是根据消费者对"多、快、省"的消费需求来设计产品和模式,利用追求低价(爱砍价)这一消费者特性,通过无数次购物体验来强化在拼多多平台购物很便捷、便宜这一认知,从而形成高黏度群体——而这部分目前消费力普通的群体,在未来很可能成长为高消费力人群。

在传统电商的模式下,流量越来越贵,成本负荷已经沉重到难以为继的地步。拼多多发现,社交电商的流量比传统电商确实便宜很多,通过拼团这种方式带来流量十分便捷,这就使它轻而易举地度过了流量这个对零售商来说最困难的"关卡"。此外,拼多多设计的购物体验也充满着游戏感,能吸引用户参与,并有即时激励。用梁宁的话来说就是"能够实现货找人",使得"小闲用户转化为笨笨用户"。① 可见，归根结底，拼多多也是通过技术、模式的创新，对场景、渠道进行变革和重塑，从结构性人口红利中寻找到了自己的机会。

各个线下新零售渠道和线上新零售平台火力全开，进入全力跑马圈地的时期，新零售的渠道红利期到来。从曾经的大区域经销制到片区化的深度分销，到电商崛起，再到如今的新零售红利，每一轮渠道变革都会有3～5年红利期，抓住这一轮红利的企业中将会诞生一批新时代下的品牌弄潮儿。和每轮经济改革红利浪潮中的情况一样，越早进入新零售渠道切换了模式的品牌和企业越早享受到红利，小米、良品铺子在线下开设了会员体验店，星巴克联合阿里巴巴进行外卖配送服务，盒马鲜生完成了红利收割，一条"内容电商"之路越走越宽。不过，也有许多品牌随着业务模式的转型和消费群体的演变，进入了红利末期。比如，拼多多的部分社交电商渠道已经运作成熟，流量成本也在急速增加，新进入企业可获的红利越来越少。而对更多企业来说，要享受新零售的红利，更需要全速跑步加入。

互联网时代玩转新零售的正确姿势：优质内容＋爆款产品

"他山之石，可以攻玉。"从一些玩转新零售的企业身上，我们可以获得更清晰、直观的灵感。如果盘点出一个将新零售模式和自身变革发展完美融合的企业名单，那盒马鲜生、一条视频、网易考拉、环球捕手、每日优鲜、开

---

① 《打脸"伪新零售"，拼多多真的在五环外吗》，苗庆显，https://www.36kr.com/p/5147484,2018 年 8 月 9 日。

始吧等都可以成功入选。仔细观察后会发现，以上品牌分别扛起了智能卖场、内容电商、跨境电商、社交电商、社区电商、众筹电商的大旗。这也进一步说明，新零售并不局限于某一领域，而是覆盖所有零售行业。

以"一条"为例。2018年1月，一条视频获得了由京东、东博资本领投，擎信资本追投的5亿美元资金。实际上，这笔投资是京东对自身内容电商业务及短视频资源的扩充。一条视频为京东提供了一个庞大的内容流量入口，而京东电商将帮助一条打破自建电商存在的天花板。① 将内容的影响力转接到电商，正是新零售带给内容产业的机会，也是新零售的红利之一。许多零售商都清晰一个痛点：中国的产品品质很高，但相较于国外产品品牌力较差；而许多有品牌力的内容生产者，有可能缺乏产品生产能力。通过短视频等内容电商的形式进行变革，则可能利用低成本的流量获取打造电商品牌的能力，甚至打造自有电商品牌。

跨境电商的情况同样如此。以跨境电商中的代表品牌网易考拉为例，其正是通过渠道、陈列、产品形式等的创新融合，重构消费者的消费体验，通过大数据、云计算等技术手段，建成一个集供应链服务、物流服务、信息技术服务、金融服务等一系列服务于一体的完整的跨境电商生态圈，以进口一手优质货品和优质服务，大大优化消费者的体验，相应地，其运营效率也大幅提升，企业发展动能自然更足。

---

① 《一条获京东投资，短视频成内容电商新盈利模式》，东方亦落，https://baijiahao.baidu.com/s?id=1590463019989012826&wfr=spider&for=pc，2018年1月24日。

可见，新零售渠道商们已纷纷进入成熟期，开始加码内容建设和优质商品打造。推出优质内容和产品成为实现新零售落地、抓住新零售红利的主流打法。那么，如何才能实现新零售赋能和业务的转型升级呢（见图6）？

梳理产品优势和目标用户群，寻找对应的新零售渠道

天生自带流量的"网红"爆款和后期持续产生内容、吸引眼球的营销能力

新零售赋能

业务的数据化

图 6　实现新零售赋能的三个步骤

首先，应梳理好企业自身的产品优势和目标用户群，寻找对应的新零售渠道，而不是面面俱到、广泛撒网。目前新零售渠道分为线上和线下两类：线上有一条视频、真的有料、吴晓波频道、开始吧等内容电商，也有环球捕手、云集微店、达令家等社交电商，以及贝贝网、蜜芽宝贝、网易严选等新型电商，还有天猫国际、网易考拉、洋码头、小红书等跨境电商；线下有盒马鲜生、联华鲸选、超级物种等新型卖场，以及711、全家、罗森、Today等连锁便利店，还有覆盖几百万社会小店的B2B分销平台阿里零售通、京东新通路、中商惠民、易酒批、新高桥、酒便利等。

其次，实现新零售赋能，离不开业务的数据化。即改变传统的以经验为驱动的零售模式，将传统的人、货、场三要素进行重构，转变为数字化的消费

者,从中寻找新的消费主张、新的场景,通过用户画像了解用户的个性化需求,以创新产品、服务的方式来满足和创造新需求,实现整体的效率提升和体验升级。应用新的技术,让实体店可以像电商平台一样检测用户的消费习惯,了解店铺的经营情况,通过线上、线下联动(比如借鉴盒马鲜生挂牌支付宝会员店的方式)等方式引入更多流量,让线下门店也成为流量入口和用户的蓄水池,让线上、线下实现真正的融合,在提升消费者体验的同时,形成业务高效协同的闭环。

最后,实现新零售赋能需要天生自带流量的"网红"爆款和后期持续产生内容、吸引眼球的营销能力。企业主和营销负责人都应清晰地看到这一变化,跟上新零售渠道的步伐,积极进行转型变革,才能更多地受到新消费群体的青睐。

简单来说,新零售没有标准答案,每个人的出发点不同,得出的答案也会不一样。最重要的是,要有改变的勇气,并付诸有效而合理的行动。

04

传统媒体的黄昏
和自媒体的狂欢

颠覆想象的媒介新势力

自 20 世纪 90 年代末开始,互联网技术迎来突飞猛进的黄金发展期。伴随着互联网的迅速发展,微博、微信等社交媒体和新闻门户网站成为公众获取信息必不可少的工具。传统媒体集体衰落,网络媒体成为主流,已经成为不争的事实。特别是随着大众深度融入网络媒体,自媒体和 KOL 正在颠覆想象,崛起为传播新势力。

网络媒体颠覆大众获取信息的习惯与渠道

有权威数据显示①,截至 2018 年 6 月,我国网民规模为 8.02 亿,手机网民规模已达 7.88 亿。由此带来的最直观的改变,就是人们的信息渠道选择

---

① 中国互联网络信息中心(CNNIC)发布的第 42 次《中国互联网络发展状况统计报告》。

变得更加多样化。传统电视、报纸和广播正在快速衰落，新闻门户、视频平台和各种内容社区等网络媒体成为现在人们获取信息的常规方式。特别是近几年，随着移动端的崛起，人们的信息获取方式发生了很大变化，朋友圈和微博头条成为人们获取信息的主要阵地，自媒体和KOL正在成为人们获取信息的主要来源。

以"国酒"茅台为例。作为关注度极高的主流品牌，近年来，茅台通过网络媒体不断提升曝光度的案例不胜枚举。在全球化竞争的大环境下，越来越多的外来酒类品牌冲击着国内酒水市场；而与此同时，更多的年轻消费者偏好时尚的洋酒、红酒，对于传统白酒不太喜好。作为国酒代表，茅台广泛借助影响力巨大的网络媒体，开展多维度融合，以获得年轻消费者的认同。比如，茅台在知乎网站发稿，与微博"大V"互动等，拉近品牌与年轻群体的距离。接地气、时尚化的网络媒体运作，让茅台迅速赢得众多年轻用户的青睐和支持。

值得一提的是，随着茅台与国内众多行业巨头的互动越来越频繁，企业之间的高层互访变得常态化。阿里马云、京东刘强东等企业家拜访茅台集团的新闻，往往迅速成为当天的"热搜"。事实上，对于这些事件的宣传，茅台自身保持着低调的态度，反而是微博、微信、今日头条等自媒体平台和资讯平台主动接过了"宣传棒"。显而易见，无论是茅台集团，还是这些企业大咖，都是自带话题流量的媒体焦点，各个媒体平台出于自身运作和"圈粉"的目的，会在第一时间从不同角度对其进行不遗余力的宣传。传统媒体所无法做到的及时性、娱乐性，在网络自媒体中展现得淋漓尽致，从而让茅台得到了事半功倍的宣传推广效果。

和茅台借助网络媒体的巧妙传播异曲同工，国内互联网经济领域的领头羊阿里巴巴一直走在网络媒体宣传的前列。或许因为自身发迹于互联网，阿里巴巴掌门人马云比许多行业大咖更了解网络媒体越来越突出的影响力。在第四届世界互联网大会"网络传播与社会责任"论坛上，马云就以阿里巴巴集团董事局主席的身份发表演讲，他在演讲中提到："今天的网络传播必须把社会责任放在第一位，对网民、年轻人和下一代负责。"

除了在集团整体宣传投入上不断向网络媒体倾斜，马云自身作为万众瞩目的公共人物，也对互联网新媒体青睐有加。众所周知，近年来，马云频频和各国领导人会面，包括英国前首相卡梅伦、美国前总统奥巴马、现任美国总统特朗普、俄罗斯总统普京等。马云和这些叱咤风云的政治家的合影，总会在第一时间通过互联网渠道发出。网络媒体，特别是移动端自媒体，已经成为大众跨越时空限制，及时掌握热门话题信息的首选渠道。

毫无疑问，中心化传播的时代已经过去，分众化甚至小众化传播逐渐成为热潮。互联网传播以其传播的即时性、时间上的自由性和空间上的无限性、传播方式的多样性、沟通的互动性引发了公众的广泛追捧和喜爱，成为人们日常生活的一部分。

自媒体和 KOL 拥有更精准和广泛的信息传播力度

近年来，互联网自媒体的飞速发展，也为品牌营销领域的创新升级注入了一股新的活力。不同于传统媒体，自媒体具有天然引流能力，KOL 有着广泛的粉丝基础。依托这些自媒体和 KOL，品牌能更有效地进行营销活动，不断提高品牌认知度，快速建立自己的粉丝社群。同时，自媒体和 KOL 本身具有间接导购作用，对于产品的销量也能起到一定的助推作用，这正是诸多品牌看中的一点。自媒体和 KOL 成为移动端舆论引导的主要参与者。在移动互联网时代，谁不重视自媒体和 KOL，谁就将被历史潮流所淘汰，被遗忘在无人关注的角落。

例如，生态环保话题一直是近年来全民关注的热点，电视、报纸等传统媒体也无数次或点或面地进行相关报道。或许老百姓在观看节目或阅读新闻的过程中有所触动，但传统媒体依然没有走出固有的报道形式和角度，特别是在传播力度上难以达到一针见血的效果。与之形成鲜明对比的是，前央视主持人柴静所拍摄的雾霾调查纪录片《柴静雾霾调查：穹顶之下》在视频平台首发后立即引起轩然大波，由此引发的网络关注度和话题热度，是任何一个传统媒体的报道所无法企及的。这次关于雾霾的调查被认为是"非机构、非记者所做的信源最权威、信息最立体、视野最开阔、手段最丰富、最有行动感的雾霾调查"①。

柴静选择了网络渠道作为发声平台，正是看准了自媒体和 KOL 更为精准和广泛的信息传播力度。重新回顾一下《穹顶之下》在互联网裂变式传播的过程。首先，《穹顶之下》于 2015 年 2 月 28 日在人民网与优酷网同步首

---

① 《庄永志：柴静的〈穹顶之下〉把 PM2.5 拽到眼前》，腾讯大家，https://ent.qq.com/a/20150228/029692.htm，2015 年 2 月 28 日。

发。"柴静看见"发布第一条关于《穹顶之下》的微博，并附视频链接，随后"优酷""VISTA 看天下"转发。自此话题热度急剧爆发，凤凰网、土豆网、韩寒、记者朱菲等有影响力的媒体平台和"大 V"的转发推动话题在当天 22 点达到第一个高峰。而从 3 月 1 日 5 点开始，谢娜、"PingWest 品玩"等"大 V"及平台转发把话题推向新的热度高峰。经过两天的持续发酵，话题在 3 月 1 日 21 点达到热度最大峰值。

权威数据统计显示，在《穹顶之下》走红网络的过程中，韩寒、谢娜、王小呆等网络"大 V"的转载量明显高于人民网、《环球时报》等传统媒体。可见，在互联网自媒体时代，以微博为代表的信息发布渠道和平台有传统媒体无法媲美的优势，那就是决定传播力的粉丝量。众所周知，微博中很多"大 V"的粉丝数量达到千万级，而在微信公众平台、今日头条乃至时下最火热的抖音等，一线大咖、"网红"的粉丝量都可到百万、千万的量级。登高一呼，应者云集，这些平台渠道上"大 V"的影响力让报刊、电视自叹不如，这也成为越来越多品牌商寻求合作的重要领域。

固然，传统媒体在一定程度上依然具有严肃性和权威性的优势，然而不争的事实是，随着公众传播环境和媒介技术渠道的改变，大众从意识形态到习惯，对信息传播的需求都发生了翻天覆地的变化。传统媒体集体衰弱，网络媒体成为主流，自媒体和 KOL 以更为精准和快速的信息传播力度，推动着时代的变革和进步。

娱乐至上才能疯传

当下，中国的互联网生态正呈现出"全民娱乐"的趋势，特别是在信息和话题的大众传播上，从以前作为舆论风向标的电视新闻，到现在微博、微信、今日头条、百度等数百个网络平台，互动娱乐传播成为主流趋势。这一人们喜闻乐见的接地气的娱乐传播方式，可以实现最大范围内的疯传效果。

全民娱乐时代带动眼球经济的新转变

曾几何时，在互联网技术及影响力刚刚兴起之际，大众无论是在渠道路径还是传播方式方面，都处在被动接受的地位。但进入全民娱乐时代之后，公众对媒体有了更高的选择自由度，这表现为"眼球经济"的关注点已逐步转变。公众的眼球注意力从过去集中在单一严肃的媒体，转变为分散到泛娱乐化、碎片化的媒体上。在全民娱乐时代，打开电视机后你会发现，收视率最高的就是综艺娱乐节目，网络上点击量最高的都是热播大剧。在社会舆情方面，每天都有新闻事件发生，每天都有不同人群、不同领域的喜怒哀乐。总之，当下传播率最高的不是严肃的新闻事件，而是人们喜闻乐见的娱乐化事件。

随着移动互联时代的到来，人们对信息的获取不再受到时空的限制，人们可以根据自身的个性化需求与爱好有所选择甚至定制内容。特别是生活水平普遍提升之后,以前人们将主要精力聚焦于物质生活水平的提高,如今则普遍往精神文化领域寻求更多元的体验,这也使得眼球经济向着娱乐方向转变。

从曾经的掌机、街机时代,到后来的 PC 端大型游戏和互联网客户端游戏,再到如今大行其道的手机端游戏,游戏产业作为长盛不衰的暴利产业,在全球拥有巨大的市场与庞大的用户群。可以说,无论是怎样的年龄层和身份,每一个人都能在越来越细分的游戏市场找到自己中意的一款游戏,这也是全民娱乐时代一个显著的特征。当然,市场的红利也引起更为激烈的竞争,针对如何赢得市场和用户的问题,许多游戏商都在传播方式上动起了脑筋。

2017 年,一则名为"天赋是杀不死的"的游戏宣传片迅速走红网络。集畅销书作家、赛车手、影视创作人、"国民岳父"等多个身份于一身的韩寒,本身就是充满娱乐话题的焦点明星,而在为《使命召唤 Online》手游代言的这部小影片中,韩寒则把娱乐精神演绎得淋漓尽致。在影片中,韩寒本色出演了学生、车手、导演这三个角色,象征其三次真实且成功的职业转换。事实上,无论是弃学从事写作的作家,还是半道出家的赛车手,又或是零基础起步的非科班导演,韩寒的每一层身份,从一开始便被周围人的质疑所围绕,更有无数人曾试图劝阻他那些"不明智"的尝试。然而,韩寒每一次都能用事实让曾经的质疑烟消云散,让世人明白,没有任何人拥有可以杀死他的天赋。他在影片中的完美表现,和《使命召唤 Online》的长期产品诉求——"每个人都是天生战士"完美契合,"天赋是杀不死的"这一核心价值观也以最燃情的方式传递给潜在用户。

从韩寒与《使命召唤 Online》的完美配合中不难看出，相较于一部中规中矩、凸显游戏画面和玩法的常规游戏宣传片，这部短片通过互动娱乐传播的方式，用更加接地气的内容与情感元素打动了受众，让潜在的用户主动地去寻求了解和尝试，而这种全新的营销模式，也正是全民娱乐时代的特点所决定的。

互动娱乐传播产生大流量的话题分享

互联网时代，得流量者得天下。特别是在品牌推广、话题营销的过程中，只有用最精准的热点吸引用户，才能达到预期的推广效果。在当下的媒介环境中，若非国家大事，其他内容都不会被自动推送到各个网络平台的头条位置，那么就应学会娱乐营销，让大众喜闻乐见且乐于分享传播。

在品牌林立的汽车行业，如果说哪一个品牌是互动娱乐传播的"好手"，凯迪拉克可谓当仁不让。2016 年大火的电影《美人鱼》再次让凯迪拉克受到强烈的关注。凯迪拉克进行跨界营销，在影片中屡屡植入，不仅全方位展示了凯迪拉克汽车的各项特点，而且通过持续的话题营销和网络推广，使品牌得到了大范围的曝光。

事实上，凯迪拉克更为精妙的互动娱乐传播案例，是获得空前成功的"凯迪拉克 Vday 性能秀"。火爆刺激的飞车特技，结合华丽的夜间灯光秀，为广大车迷带来了一场场极富视觉冲击力的感官盛宴，全方位演绎了凯迪拉克的豪华基因与极致性能。随着"性能秀"专题活动在全国各大城市轮番上演，凯迪拉克始终以极致动力与领先科技完美诠释对"速度"（Velocity）的追求、对"胜利"（Victory）的渴望，以及对"征服"（Vanquishment）的信念，吸引了无数粉丝，各地微信朋友圈也纷纷出现凯迪拉克刷屏的热潮。

和凯迪拉克的视频直播互动推广相比，美宝莲的互动娱乐传播或许没有令人热血澎湃的场面，却用最接地气的方式获得了超乎想象的推广效果。2016年，美妆品牌美宝莲展开全新娱乐化营销，打造《拜托了！美宝莲》美妆直播节目，节目一经亮相，就瞬间引爆了话题。据了解，首场天猫直播有500万用户同时在线，300万互动量引爆线上购买热潮。令人感到新奇的是，这档直播节目并不是"简单粗暴"的直播卖货，而是通过综艺形式邀请各路大咖来参与互动，解决美妆难题。①

在这个"颜值即正义"的时代，美妆成为众多女性关注的焦点，而《拜托了！美宝莲》抓住女性的美妆需求，邀请首席彩妆师、微博红人、美妆博主进行现场美妆教程直播。这样看得见的直观体验，远比看似奢华时尚的美妆广告更为打动人心。不仅如此，节目还"融入了占星师的运势分析、如何用唇色开运，以及适合十二星座的个性妆容等内容"②，充分迎合当下年轻女性消费者的兴趣和需求，点燃她们的消费欲望。在《拜托了！美宝莲》天猫直播页面，消费者可以一边观看节目，一边点击页面获取折扣进行购买。这样全新的互动式消费模式，以沉浸式体验不断掀起了抢购热潮。

---

①② 《美宝莲玩直播综艺节目——拜托了！美宝莲》，亿邦动力网，http://www.ebrun.com/20161017/197342.shtml，2016年10月17日。

在互联网全民娱乐时代，一个热点话题往往能够带来上千万乃至上亿的流量关注，这远非传统报道乃至广告轰炸所能达到的。随着移动互联技术的发展，自媒体平台等内容渠道的涌现，市场越发细分，竞争日益激烈，无论是广大媒体平台还是品牌商，站在时代最前沿才是在这个全民娱乐时代的生存之道。特别是随着公众的注意力越来越分散，越来越多元的互动娱乐传播媒介与渠道模式正在成为新消费时代的主流。如何精准把握受众的需求及爱好，并通过最具创意的思维方式将内容展现出来，将是做好品牌传播的关键所在。

05

消费升级带动
营销升级

新消费呼唤新营销

许多人都注意到,很多曾经名头响亮的品牌已经许久没有出现在人们的视野中,而若关注一下这些企业的市场情况,大多也很不理想。探究背后的原因,会发现一个惊人的相似之处:这些企业对消费者的关注不足,对消费行为的变化捕捉力不强,它们所采用的营销方式已然跟不上新消费的浪潮。

什么是新消费?这个有些庞大的概念至少包含了消费人群、消费需求、消费渠道及媒介的变化。人们常提到的消费升级,实际上也包含了以上要素。新消费是正在或已经完成的消费升级之下出现的消费新变化。

首先是消费人群和消费需求的变化。尼尔森的《2017 年中国消费品市场解读》中称,随着"90 后""00 后"新生代消费者的崛起,市场正在变得年轻化,而在新生代的影响下,营销趋势也出现了新变化。和"60 后""70 后"更看重性价比不同，这部分日渐成为主力的新生代消费人群并不强调"面面俱到"的完美，如果产品在某一个方面特别突出，那这些产品就可能吸引到他们。

尽管这部分群体的经济实力和消费能力还不算太高，可他们会因为更好的产品品质和购物体验而乐于接受高出市场平均值的价格。他们尝试新品的意愿也比"前辈"们更加强烈。此外，产品的绿色健康也是新消费群体看重的一个要素。

在消费人群和核心诉求变化的情况下，如果依然按照传统营销方式不断强化性价比，讲求产品四平八稳、面面俱到，不关心购物体验的提升……那么新时代的消费者将会有很大概率不会为这个品牌买单。

不少品牌都早早注意到了新消费趋势的到来、消费人群和需求的变化，并据此定制了适合品牌和业务发展的营销战略。让我们先以三只松鼠这个在坚果产业异军突起的品牌为例来分析解读。

创立五年，三只松鼠就向证监会递交了首次公开发行股票招股说明书，成为休闲食品品牌中的"独角兽"和"小巨人"。针对新消费趋势的新营销，正是它成功的不二法门。

首先，三只松鼠注意到在消费升级的驱动下，人们对健康消费的强烈诉求。而三只松鼠切入市场时的一大卖点就是"健康"。三只松鼠推出的"90天精挑坚果"，以"90天短保""完美锁鲜""自然原香"等最大的特点强势进入消费市场，成功吸引了消费者的注意。三只松鼠的产品也配合这一营销卖点，在健康、保鲜等方面不断发力，利用独特的技术和包装手段来解决坚果受潮等问题,提升产品的健康度和新鲜度。

只有健康肯定不足以让三只松鼠脱颖而出,它也的确做了更多。比如它当时创新采用了独立小包的包装形态,吃起来更方便,对讲求便捷、"省事"的"80后""90后"消费群体来说很有吸引力,消费体验的提升自然会给品牌加分。

另外,它还一直在传递它的"萌文化"。从三只小松鼠卖萌的品牌形象设计,到为这三只松鼠取不同的名字,赋予它们不同又鲜明的性格,再到"森林系"概念的打造——消费者下单购买产品被称为"领养一只鼠小箱",动漫色彩十分浓厚。"主人,开启包装前仔细检查噢""超级感谢为松鼠星球运送美食的快递哥哥们,你们辛苦了""如果您也想尝尝美食,就快快来松鼠家吧"……这些语言亲和力十足,情感牌打得出色,很容易打动消费者。这种新营销方式相比传统媒体的广告投放等营销推广手段,成本低了很多,宣传效果却好很多。

让我们再说回新消费。新消费趋势下,消费渠道和媒介也发生了巨大变化。以线下渠道来说,流量变得日趋集中,过去零散的街边店是人们买东西的去处,流量十分分散;慢慢地,既可以逛街又聚合大量品牌的步行街出现了;再往后,购物中心出现,购物、吃饭、美发、休闲等需求可以一次性完成。那么,未出现在流量聚集区的零售品牌该如何作为?

这一新趋势下,还采用传统营销方式单纯卖货,显然已经效果极微。许多新消费品牌纷纷放出了自己的"大招",如场景化营销、打造IP、诉诸情感、增强体验……这些都可以看作是新营销的方式。

以雪糕中的"网红"中街1946为例。这一品牌瞅准了线下渠道和传统传播方式的困境，打出了一系列新营销的组合拳，最终把自己打造成年销售额达1亿元的冷饮界"扛把子"。首先，让雪糕变成一种不受时间、地点、心情限制的"刚需"，其做法是不断强化健康概念，甚至还针对儿童推出"迷你小十八"套装……目前中街1946线上订单中85%的收货地址都是家庭，这也侧面说明其健康营销战略的成功。其次，完善线上电商，打通线下门店，线下店可以做到附近地区2小时内送达，让雪糕和外卖一样可以随时点、随时吃。

同样令人叫绝的还有它的场景化营销和IP打造。以前，人们会秀美食、秀衣服、秀新发型，很少有人会秀雪糕，而现在买了中街1946拍照发到朋友圈的情况比比皆是。这很大程度得益于其"千店千面"的新鲜感，以及产品、店面的高颜值设计，每家店看着都非常文艺，令人惊艳。消费者买雪糕后发到朋友圈，总能收获很高的点赞数，很容易形成跟风消费和传播的"网红"效应。

在营销渠道和媒介方面，中街1946没有将广告投放到传统的电视、报纸或门户网站，而是选择本地生活类的营销号，如"沈一点""六神磊磊"等。再加上门店装修和产品包装的惊艳感，吸引很多消费者前往购买，消费者并不视其为一个零售卖场，而是"打卡地"。"网红"效应和品牌IP就这样慢慢成形。

除了线下，线上渠道也发生着重大变化，线上流量呈现出成本高、趋于饱和、去中心化的趋势，对新品牌、中小品牌来说，依靠传统电商崛起的难度越来越大。而媒介的多样化和碎片化,使得人们的时间、注意力都被分割,传统营销的获客成本越来越高,转化效果却越来越难以保障。

这一新消费趋势下的痛点,自然也得由新营销来破解。而其中的成功打法,则包含了渠道和媒介的升级、优质内容产出能力的提升等。"天使之橙"果汁是其中的优秀代表。天使之橙的"橙汁自动售卖"变革了传统零售方式,以其新奇、便捷、时尚的特色吸引了年轻消费群体的关注和热捧。

天使之橙还利用差异化特点和优质内容产出能力,让自己成为"注意力经济"下的宠儿。比如,借世界杯热门话题,天使之橙转变玩法,重塑品牌视觉形象,趁势推出 6 款活泼的拟人化橙子形象,传递品牌热情和独特魅力,吸引更多的现榨橙汁粉丝关注。与此同时,为了进一步加强与消费者之间的互动,天使之橙还通过微信平台上演"橙子戏法"H5 互动闯关游戏,利用互动游戏给受众更加直观的互动体验。

在传播媒介上,天使之橙精选与热门话题相关的段子、讨论等,借助众多自媒体的影响力,和消费者进行对话,最大程度地扩散了"橙"色话题声量,吸引了流量,好口碑得到持续维护。

经过 20 年的市场经济大发展,汽车、家电、IT 数码、房产、家居、服饰、餐饮、文化、娱乐等主要的消费领域都已经实现消费升级,教育培训、影视、医疗、食品、农特产、美妆日化、环保、飞机、金融、服务连锁等行业也正处于消费升级之中。新时代新环境下,消费人群、渠道及媒介都发生了很大变化,竞争也更为激烈,除了传统巨头,还有进口品牌的虎视眈眈,企业也需要相应调整自己的营销状态。

新消费趋势下，传统的营销方式已经略显蹒跚，难以跟上消费升级的脚步。新营销已成为搭上新消费时代列车的一张必不可少的车票。了解消费者的需求痛点和价值诉求，用科学合理的方式代入，去满足需求、构筑信任、实现共鸣、完成转化，将是新营销的不二路径。

营销创新让品牌快速崛起

　　曾几何时，比拼产品是众多品牌尤其是连锁品牌抢占市场与用户的核心，然而，当消费者从单纯的产品诉求转变为以服务诉求为主，市场向连锁品牌的营销战略提出了新要求。越来越多的案例表明，在极度依赖互联网内容传播与渠道引流的新消费时代，营销创新就是众多连锁品牌崛起的首选武器。

升级服务体验

　　在服务业领域，差异化经营和专业化服务一直是各个连锁品牌追求的发展方向。经过 20 年的发展，通过资源整合与优胜劣汰，一批规模化发展的连锁服务品牌涌现出来。比如克丽缇娜美容院、莫卡乡村蛋糕房、一鸣奶吧、全家便利店、鲜丰水果、洗衣郎、喜月养生月子会所、姗娜娜足浴、银乐迪 KTV、创想宝贝、英孚教育、百合新娘等，这些各个行业的龙头企业都已逐渐品牌化，并通过连锁经营的形式实现了市场扩张和品牌推广。

　　目前服务业的积累和沉淀阶段已经完成，大量的职业化服务人才和管理人才也已经培养完成，服务行业标准化和店内运营统一化已成普遍。然而与此同时，作为品牌服务的受众，消费群体也在服务品质、体验形式等各方面有了更为新颖的需求，这就是基于新形势的消费升级。例如，网鱼网咖和盒马鲜生均完成了消费体验升级。网鱼网咖在传统网吧的基础上升级换代，以更好的硬件设施和更细致舒适的服务场景呈现多元化业态。区别于传统网吧，网鱼网咖采用网吧＋咖啡的业态模式提供定制化服务，注重场景体验式消费。而盒马鲜生作为对新零售模式的探索先锋，采用线上线下融合的方式，线上下单，线下体验；布局数字产品，将传统购物模式转变为逛吃体验模式。盒马鲜生还按照场景进行产品分类，开设生鲜区，在加强物流运输设备信息化管理的同时，支持线上下单，线下 3 公里范围内 30 分钟高效配送。与此同时，它注重消费者直观的购物体验，在生鲜区设立体验区提供主题服务，消费者可直接进行体验式消费。

模式创新带来"蝴蝶效应"

事实上，和过去相比，新消费时代连锁服务品牌的经营目标没有改变，依然是对市场消费者的极力争取，以及对品牌的大力推广。当下，服务业就是在原有标准化服务的基础上利用互联网和移动互联网实现了服务的向外延伸，也为用户创造了更多需求。这是一个将传统经营中过剩的产能和资本配置到更细分、更长尾的市场空间中去并赢得客户的过程。

在客户需要服务的节点提供超出客户期待的服务，这就是新消费时代服务业品牌营销所带来的强大的裂变效果。比如曾经专注于传统电器卖场的连锁企业苏宁，就在新消费时代借助电子商务完成了产业生态体系的转型升级。近年来，五星、国美等众多竞争对手纷纷在性价比和服务上进行持续投入，一直在连锁品牌实体店布局上费尽心思的苏宁越来越感到市场竞争的激烈,它借助互联网时代的东风,凭借长期以来积累的丰富的零售经验、资金实力,以及在采购、物流、售后服务等各方面的品牌优势,再加上对电商平台的持续投入,在短时间内取得了不菲的成绩,成为传统连锁服务业利用电子商务转型的又一成功典范。

特别是苏宁以 PP 体育、江苏苏宁俱乐部、国际米兰俱乐部等融合打造的体育产业板块,让苏宁迅速吸引众多潜在消费群体的支持;与此同时,其平台旗下各领域的连锁品牌、产品也都巧妙地融入其电商板块中。可以说,苏宁在新消费时代借助互联网实现了成功转型,带动苏宁五大产业全面领跑,线上销售增速连超对手,线下农村电商千店连开,这样的模式创新造就了新的产业格局,是单纯比拼服务特色与品质所无法企及的。

营销创新助力品牌成长

从行业趋势来看,在消费升级的形势下,服务行业需要进行发展模式创新,过去的服务业连锁品牌虽然完成了统一规范门店形象和店内标准化运营,但用户体验和产品体验还有很大的提升空间。过去服务业连锁品牌的发展模式更依赖于传统展会和电话推销,而今互联网推广成为服务业连锁品牌的主要营销手段,招商效率高低决定了连锁品牌的发展速度和成长规模。

将军画室正是依托网络营销成功实现自身升级的代表品牌之一。在激烈的市场竞争下,将军画室顺应互联网浪潮,抛弃传统画室电话推销和个人介绍的老一套业务模式,转向网络营销,将移动端自媒体的粉丝用户和百度搜索流量进行转化；完善品牌官网的建设开发，注重搜索引擎优化，进行原创内容的不间断输出和品牌资讯更新，增强网站活跃度以获得百度自然搜索排名优化，依托线上流量拦截实现业务转化。

服务业最重口碑，好的口碑能增大业务流量，而品牌化建设是树立口碑最好的途径。将军画室注重口碑效应，通过网络正面曝光来树立品牌形象。将军画室不断开展社群活动，加强和学生之间的互动交流，组织学生出游采景，举办校园音乐节，通过一系列社群活动成功打造了一个颇具温暖的画室品牌，引起学生的强烈归属感，从而让学生成为品牌口碑建设的重要一环。将军画室意识到网络隐藏的巨大能量，尤其是自媒体曝光和社群分享，能够不断为品牌赋能；它利用自媒体加大品牌宣传力度，增强品牌知名度，实现多重信息覆盖，线下活动与线上宣传同步。新消费时代，静态资讯已然不能作为品牌宣传的唯一途径，短视频是品牌建设的又一营销法宝。将军画室将动静结合，利用视频的强烈体验感塑造品牌形象，增强客户信任感，以便和目标客户建立更为深刻的情感连接。依靠网络营销，将军画室成功地在激烈竞争中突围。

同样，以一站式母婴平台为特色的喜月养生月子会所在行业竞争如此激烈的环境中，不仅实现了在全国市场的布局，其品牌知名度也始终在行业中名列前茅。究其原因，其服务品质固然出色，但更为重要的是平台依托互联网进行的一系列营销战略布局。作为定位于高端人群，专为产妇、新生儿、幼儿提供专业优质服务的母婴护理中心，喜月养生月子会所瞄准的客户群就是以"80后""90后"为主的年轻消费群体，因此，从品牌创立之初，喜月养生月子会所就主打"温情"与"分享"两大主题牌,特别是在各大互联网平台进行的"宝妈分享"活动,通过日记、攻略等多种形式的话题宣传,让越来越多的潜在消费者产生共鸣,进而对品牌本身产生兴趣,其市场业绩与品牌影响力也在裂变式宣传过程中不断提升。

在互联网时代,品牌必须在服务模式、营销思维、宣传方式上完成转型升级,才能具备核心竞争力。站在新消费和新营销的角度去进行连锁品牌的经营与转型,将会引起品牌市场规模与品牌价值方面难以想象的新一轮裂变。

06

你的品牌力
从何而来？

品牌力三大要素：定位、形象和调性

　　品牌价值是企业竞争力的根本体现，一个品牌有没有价值，要看其是否有赢得市场与用户的能力。特别是在经济全球化的大环境下，品牌力已经成为市场竞争中优胜劣汰的指标。越来越多的案例表明，唯有将品牌定位、品牌形象、品牌调性统一把握，才能最大限度凸显品牌力，进而提升企业价值。

在对市场和用户的影响力上做文章

　　企业的价值如何？企业的品牌力高不高？企业有没有长久发展的实力与潜力？这一系列问题都可以归结到对品牌、市场、用户三大核心元素的解读上。可以说，一个企业价值的大小取决于品牌力的高低，并直接体现在品牌对市场与用户的影响力上。一切离开市场、用户所进行的品牌力比较，都没有实际意义。品牌力在事实层面所表现出来的，就是切实可循的营销大数据。

在同类商品市场上，一个品牌的竞争力表现为开拓市场、占领市场的能力，以及取信消费者、吸引用户的能力。这种竞争力是一种相比较而言的能力，不同市场上的品牌没有竞争力大小的可比性。具体来看，不同的消费者对品牌力的要求有所不同，这就需要不同的市场定位与品牌定位，品牌的市场占有率和盈利能力是反映品牌力高低的直观体现。

在互联网技术、大数据、人工智能等前沿科技飞速发展的今天，许多领域的企业都把品牌力的提升作为提高企业价值和竞争力的关键。比如，在市场规模庞大的国内手机市场，不同的品牌力打造方式为手机品牌赢得了市场。

根据国内手机市场销量排名权威数据，从 2018 年 1 月至 9 月整体市场销量排名来看，OPPO、vivo、华为、苹果、荣耀分列前五，小米第六；魅族、三星、金立三家尾随其后，但体量已经与前六名表现出明显差距。整体销售额方面，苹果凭借高客单价优势稳居第一，其后是 OPPO、vivo、华为和荣耀。[①]从中不难看出，除了"外来和尚"苹果与三星尚且占据一定份额之外，国产手机品牌百花齐放，继续保持着强劲的上升势头。

----

① 《Q3 手机销量数据出炉：华为系登顶，OV 大厂难分伯仲》，Migi，http://mobile.yesky.com/188/506403188.shtml，2018 年 10 月 24 日。

一直以来，大而不强是国产手机品牌的共同特点。曾几何时，除了苹果，三星、LG、诺基亚、索尼、爱立信……海外手机品牌纷纷抢占国内市场，国产手机品牌发展举步维艰。而就在近十年来，特别是在智能手机成为主流的市场趋势下，国产手机企业陆续改变产品定位，注重品牌形象，全方位打造旗舰机型，逐渐填补市场空白。一系列注重品牌力提升的明智之举让企业价值不断提升，市场份额逐渐增长。特别是华为、小米、OPPO、vivo等头部企业，不仅摆脱了"廉价"的标签，更将自己的品牌打造为高端商务、时尚音乐、青春新潮的手机品牌代表。不得不说，重视品牌力提升的国产手机品牌打了一个漂亮的翻身仗。尤其是华为近年来细化了用户需求，主打中高端商务路线，在手机核心技术、外形、功能等方面体现品牌的差异化。在营销手段上，华为也大胆采用了国外定价高于国内售价的策略，并持续在欧洲投入大量资金赞助五大联赛并聘请明星代言，一则MV引爆欧美和国内，使华为温暖的品牌调性深入人心。国外排队买华为手机的火爆场面也影响到国内，一个国产品牌就这样同时征服了国内外市场。而小米选择了年轻消费群体，将品牌定位为青春时尚人群的首选手机，在营销方式上也选择当红明星作为自己的品牌代言人；同时在外观上不断创新，迎合新消费群体的喜好。OPPO和vivo则分别选择了美颜和音乐作为主要的差异化诉求，赢得了无数喜好拍照和音乐功能的消费群体的青睐。

现如今，国产手机品牌整体的品牌力优势正在以惊人的速度继续扩大。从功能机到智能机，市场形势在改变，消费需求同样在改变。手机已经不仅仅局限于通信这个单一功能，也包含了社交、娱乐等功能，这些功能，也影响着所有手机企业品牌力提升的方向和目标。毫无疑问，诺基亚的战略误判使其错过了智能手机的黄金发展期，智能手机开创者黑莓和 HTC 都没能守住市场优势地位，苹果后发制人领导行业发展近十年。如今苹果随着创始人乔布斯的离去开始显露疲态，而国产手机品牌则精准把握市场与用户的需求，在产品力不断提升的同时，品牌力与企业价值也正以无法阻挡的强劲势头一路飙升。

定位、形象、调性要做到三位一体

了解了品牌力对于企业价值和市场竞争的重要性，那么如何有效提升品牌力呢？从中外市场品牌发展的历史和近况来看，只有将品牌定位、品牌形象、品牌调性协调统一把握，三位一体进行品牌塑造，才能真正凸显品牌力（见图 7）。

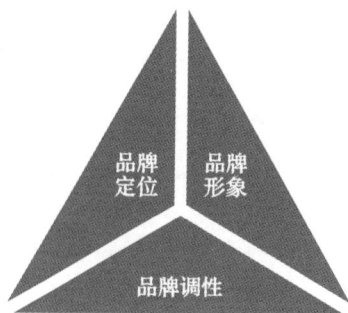

图 7　三位一体塑造品牌

以蒙牛为代表的奶制品行业龙头企业，在品牌力提升方面做出了巨大的努力。特别是近两年来，抓住互联网经济和经济全球化的两股东风，蒙牛加快了"食品安全更趋国际化，战略资源配置更趋全球化，原料到产品更趋一体化"①的品牌力提升步伐，明确了自己的品牌定位、品牌形象与品牌调性，并做到了协调统一。

从产品品质提升到打造标准化管理体系，再到产品研发创新，蒙牛有条不紊地朝着国际化一流品牌迈进，在国际市场和国内市场迎来了双丰收。"只为优质生活"是蒙牛的品牌定位，"从每一滴原奶的品质抓起，让更优质安全的乳制品创造的点滴幸福陪伴每一个家庭"②是蒙牛所塑造的品牌形象给出的郑重承诺，"健康、有温度、有责任"是蒙牛新时期要持续保持的品牌调性。蒙牛的整体定位是协调统一的，它在消费者心中塑造了一个健康可信赖、温暖有责任的品牌形象。可以说，蒙牛已经将三位一体理念完美融入品牌核心发展理念中，将自己定位为贴近大众的健康奶制品品牌，并积极主动地融入市场。如今迅速捕捉时代脉搏、积极拥抱互联网的蒙牛，正在逐渐从传统快消品企业转型为极具互联网思维的国际化企业。其品牌力的跨越提升，也是其企业渐具国际影响力的推动力。

毫无疑问，无论是过去还是现在，品牌始终是企业价值的载体和外在识别符号，品牌在一定程度上就是市场对企业的认知标识，代表了企业的形

①　《蒙牛获评"十大影响力品牌企业"》，《国际金融报》，2016年3月21日，第14版。
②　《蒙牛刷新形象　只为点滴幸福》，《成都晚报》，2012年9月26日，第43版。

象、调性和定位。想要塑造强势品牌，对品牌进行价值创新，首先要对企业进行品牌历史及当前市场消费的洞察，其次是要把握品牌发展的机会，最后是规划品牌的未来。审视自己品牌的调性，将品牌内涵、目标人群需求、人群的购买动机和消费决策、消费场景等有效结合，找到一个能够满足消费者的物质和精神需求的协调统一的解决方案。这也是品牌力提升三要素所蕴含的真谛。

从中国市场的企业品牌力打造来看，在营销领域树立个性化标签，往往会有四两拨千斤的效果。比如 20 世纪 90 年代末，娃哈哈、乐百氏堪称国内饮用水领域的两大巨头，而后起之秀农夫山泉无论是资本还是底蕴都无法望其项背。然而，农夫山泉却依靠着差异化营销策略成功"逆袭"，力抗国内外诸多同类品牌的竞争，成为国内饮用水行业的领军企业。特别是"农夫山泉有点甜"的品牌标签，被无数企业奉为经典。近几年，农夫山泉更是提出了"我们不生产水，我们只是大自然的搬运工"的口号，将农夫山泉定位为一个天然的饮用水品牌，直接与其他纯净水品牌相区别，树立了自己独特的品牌形象。可以说，农夫山泉的成功正在于和谐统一了品牌三要素，给自己的品牌树立了明确统一的标签。在品牌定位上，农夫山泉锁定了天然水更优质、更健康的差异化表达；在品牌形象上，农夫山泉开创和塑造了多项行业标准，打造了现代化健康水专家的形象；在品牌调性上，农夫山泉关注消费群体的饮水健康问题，关注员工的身心和价值观，关注水源地的环境保护，成功将自己打造成为有温度有信仰又亲民的饮用水品牌。

无数的品牌案例已经证明,企业价值需要品牌力来体现,品牌力的核心在于品牌定位、品牌形象、品牌调性的和谐统一。要塑造品牌力,确定目标消费人群的核心需求和心智资源是关键。在此基础上,通过对市场竞争的分析与对用户群体的精准洞察,在品牌定位、品牌形象、品牌调性上做到三位一体、协调统一,那么,无论市场如何变幻,具备了足够品牌力的企业总会先人一步赢得人心、取胜市场、占领品类,实现最高份额的市场丰收。

品牌力三大指标：知名度、美誉度、满意度

广告作为市场经济发展的产物，也是无数企业十分重视、投入巨大的营销主战场。如今，广告可谓无处不在，画面越来越直白，代言明星越来越"大腕"，刷屏频率越来越高，而消费者反对的呼声却越来越大。从根本上来说，品牌力才是体现品牌竞争力的根本指标。企业通过广告宣传品牌无可厚非，然而一味重视知名度，而忽视美誉度与满意度，不仅浪费了大量资源，更让品牌力无法获得实质性的提升。

无脑广告轰炸对品牌势能的"污染"

时至今日，许多人依然对 20 世纪 90 年代央视"广告标王"大战记忆犹新。几秒钟的亮相时间，却可以获得上千万乃至数亿人关注的目光，这样的黄金广告位，在当时那个电视媒体一家独大的广告营销时代，可谓至关重要。曾经的几大"标王"品牌都在短期内聚集了史无前例的曝光量和关注度，市场销售数据自然水涨船高，然而很快，这些企业又昙花一现般消失在公众的视野中。

事实上，即便是进入到互联网多元化发展的今天，国内许多企业依然停留在靠"砸广告"提高知名度的发展阶段。电视广告、车厢广告、电梯广告、报纸广告、门户网站广告、自媒体广告……形形色色、层出不穷的广告已经

成为社会话题。特别是明星代言、重复广告词、画面夸张等俗套的广告横行，广告导演集体陷入无脑创作的怪圈，即便遭到全民抵制也乐此不疲。一些带着恶俗标签的广告集中"轰炸"虽然在短期内帮助企业提高了知名度，增加了品牌势能，但是从长期来看，由于企业将大量资源孤注一掷地投入到广告营销中，忽视了对产品本身和用户体验的投入，导致品牌美誉度和满意度的丧失，品牌势能大幅下滑，进而也直接导致产品销量的下滑。

说到毛纺品牌"恒源祥"这个老字号，许多人会联想到那句堪称"洗脑"的广告语"羊羊羊"。作为首个以企业身份主办有"体坛奥斯卡"之称的劳伦斯世界体育奖颁奖盛典的国内品牌，它同时也是中国奥委会合作伙伴、赞助商。可以说，正是因为极度醉心于无脑广告营销，恒源祥将一手好牌打成了烂局。

自从中央电视台播出"恒源祥，羊羊羊"的广告，那 14000 头羊在草原奔跑的画面让人至今想起来仍感觉不可思议。或许在恒源祥的营销人员看来，简单粗暴的"地毯式"轰炸就是最有效的营销策略。的确，因为这句广告语，许多人了解并记住了恒源祥这个品牌。2008 年北京奥运会期间，众多的国内企业希望借助奥运会来提升自己的品牌知名度和品牌形象，作为赞助商的恒源祥再次成为舆论的焦点。同年春节贺岁期间，"恒源祥"一则十二生肖广告引起轩然大波。其广告登陆众多电视台反复"洗脑式"播出，招致观众强烈反感，恒源祥也因此受到诸多非议，一时间网上恶评如潮。

毫无疑问，从吸引眼球的角度来说，恒源祥的广告达到了甚至远远超出了预期效果。然而企业经营不同于娱乐圈的炒作，仅仅吸引眼球，或者说依靠所谓的注意力经济，只会被消费者当作茶余饭后的谈资一笑置之。很多企业负责人不以无脑广告为耻，反而顽固地认为只要抢占了用户心智，让消费者在购买产品时首先想到自己的品牌就可以了。在他们看来，做广告的唯一目的就是促销，在最短的时间里收回成本并创造效益才是王道。在这样的市场氛围里，品牌短期销量暴增后遭遇挫折甚至溃败就在意料之中了。

用知名度、美誉度、满意度延续品牌力

其实，广告本身并没有错。事实上，近年来，许多外来品牌的精品广告在国内好评如潮。为什么外来品牌做广告既不让人反胃又能卖货呢？深入研究后，我们发现，这些企业做品牌不会只从一个指标去看品牌力，它们会将知名度作为基础指标，同时看重美誉度和满意度（见图8）。真正的好品牌是一个会持续爆红的品牌，是一个受社会各方尊敬的品牌，而不是一个做无脑广告只顾卖货的品牌。

从营销学上来说，品牌势能会随着促销频率的增加而减少，这是一个必然的趋势。但是，国外品牌每年都会投入营销预算再补充品牌势能。与之相比，一些国产品牌往往在打下知名度后就不再每年投入营销预算维持品牌势能，也不在美誉度和满意度上深耕了。这也是国内很多企业爆红之后品牌势能下降、沦为僵尸品牌的原因。

一个典型的案例就是"椰树牌椰汁"。从品牌包装来看，其瓶身上全是

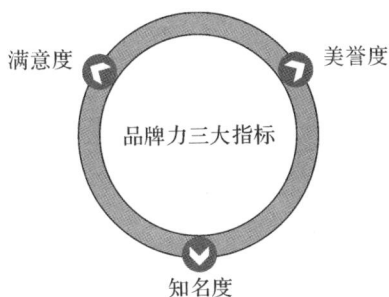

图 8 品牌力三大指标

五颜六色的广告标语,色彩碰撞造成了强烈的视觉反差。正是这种"简陋式"的标新立异,让椰树牌椰汁在初期赢得了不少粉丝的青睐。然而人们渐渐发现椰树牌椰汁的线下广告开始玩起了出乎意料的大转换,"每天一杯,白嫩丰满"这一直白露骨的广告语配上低俗的大胸女主角让整个广告画面不堪入目。广告片一经播出,便引来了网友吐槽连连。用这样艳俗的广告野蛮式地进行宣传推广以博取眼球,而不是在自身产品品质、特色和对消费者的服务体验上加以改进,其品牌美誉度和满意度逐步丧失,忠实消费者不断流失就成为显而易见的结果。

众所周知,华为在国际市场上的强大竞争力,正是源自它对品牌美誉度和满意度的重视与投入。比如,华为优先向竞争激烈的欧洲电信和终端市场发起进攻,投入大笔营销资金赞助欧洲足球五大联赛、承包巴黎市中心广告牌、聘请欧美当红明星拍摄广告。通过这些方式,华为在原有好口碑的基础上迅速引爆国际市场。在国外取得市场地位的同时,华为对国内市场的开发也同步推进。由于进入国内智能手机市场的时间较晚,华为的电商渠道、社群自媒体运营及公关传播都处于相对落后的地位，最初只能作为跟随者"陪跑"。在这样看似落后于对手的形势下，华为对产品研发和技术迭代投入巨资，在品牌形象打造上也大手笔投入，更以公关传播持续护航，使得品牌的高端形象深入人心。高端消费者不会花太多时间去精挑细选，而是快速决策，其重要的依据就是品牌美誉度和满意度。华为通过品牌力的打造实现了品牌美誉度和满意度的"逆袭"，彻底引爆了销售热潮。

无论是以电视广告为王的营销时代，还是如今多渠道多元化的营销时代，品牌进行推广宣传的根本目的，始终在于对市场和用户的争取。在比拼品牌力的市场竞争中，"眼球经济"不再具有持久稳定的对营销的支撑作用。要想打造行业领先、国内外知名且具有持续竞争力与影响力的企业，企业决策者必须清醒地认识到：知名度、美誉度、满意度是评估品牌力高低的三大指标。

07

用好营销资源，
让世界知道你

把好企业两大"命脉"

对于企业而言,在产业链体系中,产品与渠道两大环节尤为关键。一流的产品是品牌差异化经营的标签,也是品牌竞争力的优势所在;而稳定高效、丰富多元的渠道资源,可以保障产品顺利流通。如同人体构造中不可或缺的两部分一样,产品是企业的大静脉,渠道是企业的大动脉。在新零售时代,产品力与渠道力已经成为决定企业生死存亡的关键。

产品力是第一生命力

在人体当中,静脉的作用是输送血液回流心脏。静脉一旦出现问题,不仅会导致众多病症,甚至会威胁生命。在竞争激烈的市场中,产品就是企业的大静脉,没有好产品,企业只能永远陷于同质化低价竞争中,无法塑造差异化价值,被市场无情淘汰是其最终的结局。

近年来，越来越多的企业开始转型升级，提升产品力是转型升级中的关键。品牌形象和品牌价值的核心支撑就是产品力，产品力包含了产品USP（"独特的销售主张"）提炼、爆款产品企划、技术概念和研发平台、研发体系、产品原料、实用技术专利和外观专利、产品上市退市管理、产品生命周期管理、产品年度开发推广管理计划、产品行业国家标准申请、产品获得的各种荣誉奖项等要素。可以说，产品力是企业综合实力的体现，也是企业品牌价值的体现。

简单来说，足以使企业站稳市场并具备足够竞争力的产品力，体现在"卖得好"和"赚得多"这两个核心问题上。前者表明消费者对产品的接受程度比较高，后者则表明产品的利润空间大。要想同时在这两方面做到位，就必须在产品品质、品牌口碑、对新消费需求的适应等方面，进行更高水平、更高层次的竞逐。

比如，作为食品领域的一匹黑马，曾经默默无闻的黄飞红麻辣花生似乎一夜爆红，用不可思议的市场影响力掀起抢购热潮，其根本就在于独一无二的产品力打造。

从市场数据来看，黄飞红麻辣花生深受广大年轻消费者的好评，这与其品牌定位和研发方向密切相关。在产品力的打造上，黄飞红一向重视产品研发，多角度力求高质量生产。黄飞红有着严苛的品控体系，确保高质量出品。在原料的选择上，黄飞红精准测量每一粒花生的大小和重量。为了追求口味的独特性，黄飞红采用独有的浸渍工艺和脱油工艺。在此过程中，黄飞红还增加成本采用充氮包装并且重视包装的视觉创新。为了确保消费者满意，黄飞红投入大量资金进行研发创新。在产品力的挖掘上，可谓是做到了极致。

当然，市场一直在变化，曾经创造市场奇迹的黄飞红在当今市场中依然举足轻重，绝不是多年吃老本的结果。一直以来，黄飞红都在产品力提升方面不遗余力，不断适应市场需求，在赖以成名的产品之外不断推陈出新。比如，"黄飞红超麻辣花生"在原先麻辣花生的口味基础上增强了辣度，吃起来口感更鲜辣；而另一款产品"香脆椒"也是黄飞红不断创新的结果，本应作为调料的香脆椒凭借创意被打造成为一款特别的休闲食品。

在新零售时代，同质化经营的弊端进一步凸显，许多企业开始尝试转型升级，却没有从最根本的产品入手，而是将宝贵的资源漫无目的地消耗在了其他方面。好比人体静脉需要时刻畅通一样，找准产品力衰弱和不足的症结所在并对症下药，才是让企业起死回生乃至大展宏图的关键。

渠道力对产品销量与品牌价值举足轻重

同样说到人体构造，大动脉的作用是向全身各处输送血液。大动脉受损很可能会导致人在短时间内死亡。在企业经营中，渠道是企业的大动脉，没有有效的渠道策略和对渠道资源的拓展，企业不仅难以发展壮大，还可能在激烈的市场竞争中迅速垂危。

追溯产品销售的过程，就是将厂家或者服务商的产品或服务转移到消费者一端的过程。这个流通过程必须依赖渠道完成，渠道的重要性不言而喻。只有解决了渠道和区域问题，产品才能正常流通和销售。作为第二生命力，渠道力包含了整体渠道布局、新零售渠道开拓、多元化渠道完善、传统电商渠道维护、传统线下渠道深耕等不同环节。在保障企业产品力的基础上，拓展渠道资源、制定渠道策略需要根据市场和用户需求做到精准对接。比如，在品牌林立、群雄逐鹿的国产手机市场，作为后起之秀的 vivo 手机，就是通过全国渠道布局，结合线下深耕、线上开发的策略，迅速成为行业佼佼者。

要分析 vivo 的全渠道战略，"实体门店、线上平台、移动端三者融合"是最为恰当的概括(见图 9)。特别是在具体的渠道业务中，"网订店提、网订店送、移动端结合门店"的模式取得了巨大成功，可以说是基于互联网时代的革新创举。

图 9　vivo 的全渠道战略

从渠道战略起步阶段，vivo 的客户就可以在线上线下任何一家店购买vivo 手机，也可以在线上付款，选择任何一家线下门店提货，或选择本地送货上门。可以说，在移动电商的起步阶段，vivo 先人一步进行了线上线下的深度布局和融合，将渠道战略迅速落到实处。互联网技术特别是移动互联网技术的发展，使得消费者的购物习惯发生改变，vivo 不仅通过建设电子商务平台，把线下的顾客带到线上来消费，还通过线下活动与线上推广的相互映射，达到推广与营销的最大化效果，大幅提升用户体验，增强用户黏性。

从消费者的角度而言，在如今智能化手机已十分普遍的环境里，各大品牌在产品力方面各具特色，尤其是一线品牌之间，产品力的差距微乎其微，不足以影响到消费者的选择，渠道力的影响力则更突出一些。对消费者来说，针对同一档次和价位的手机产品，他们对相差无几的性能指标和功能特色并不在意，往往更加注重服务体验、购物流程。这时候，vivo 手机在渠道力方面的优势就更加凸显了。值得一提的是，经过 2016、2017 年两年的飞速发展，vivo 不仅开设了多家店铺，品牌的数字化转型也全面提速。特别是 2018 年以来，vivo 推动实现数字化架构全面重构、数字化顾客全面落地、数字化商品重点突破、数字化运营全面布局，为转型成为一家由数据驱动、线上线下融合的新零售品牌奠定坚实基础。

从 vivo 手机的案例中不难看出，渠道策略要与时俱进，哪个渠道有流量红利、进入成本低，就要集中一切资源突破。新零售时代渠道变革加快，新兴通路层出不穷，多元化渠道布局成为企业当下的必然选择，抢占优质新兴渠道无疑成为企业扭转市场形势和抵御竞争对手的关键。

当下，消费需求与商品市场的双重升级意味着产品力打造与渠道模式面临双重变化。在全新的商业环境中，如何保持企业产品与渠道的活力与竞争力，是所有企业需要思考、布局、投入的重点。

走出渠道"围城"

随着互联网经济的崛起，众多企业和品牌大打流量牌，依托于淘宝、微信和电商卖场这些主要渠道重点发展。然而短期的繁荣过后，一些微电商品牌很快走上了下坡路，如昙花一现般消失在市场竞争中。究其原因，这些渠道的黄金期已经随着消费升级与市场变化日渐远去，而与之相反的是这些品牌的成本压力与日俱增。当品牌忽视了竞争力的根本——产品力和渠道力，死亡率高和生命周期短是必然的结果（见图10）。

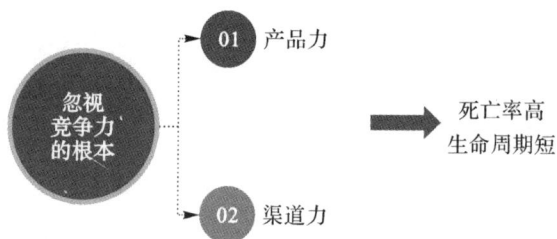

图 10　品牌死亡率高和生命周期短的根本原因

传统渠道面临红利流失与成本剧增的压力

和商铺、商场、超市等传统渠道形态一样，电商、微商同样可以归为渠道。依托渠道、与渠道共生是品牌在早期发展阶段中的必然选择，但是随着渠道红利消失，渠道运营成本费用增加，单纯依赖渠道的品牌都会落入被迫转型甚至退出渠道的境地。

作为互联网经济时代的先行者，淘宝改变了人们的消费习惯与购物模式，大量品牌进驻淘宝，依托淘宝无与伦比的平台实力，在互联网经济的黄金期内迅速实现品牌收益。和淘宝类似，其他电商渠道平台同样基于互联网经济的发展而风光一时。事实上，对于入驻这些渠道平台的品牌商而言，通过这些渠道平台可以直接使自己的产品面向全国，不再受空间的限制。同时，由于这些渠道拥有庞大的用户流量，品牌商们可以迅速找准客群，实现交易量大增和资金流的快速回转，好处显而易见。

然而，度过了渠道红利期后，渠道、品牌商，尤其是广大消费者，会发现一个不争的事实：渠道变多了，品牌变多了，但在同质化、拼价格的竞争环境中，真正符合消费者需求的品牌和商品却越来越难找了。这是因为一方面，渠道平台为了自身的规模化发展，对入驻品牌的审核逐渐放松，导致平台上的品牌和商品良莠不齐；另一方面，依托淘宝、微信及其他电商平台等渠道的品牌商将大部分甚至全部资源用于引流推广，放松甚至放弃了对品牌产品力的提升，加之成本压力不断增大，入不敷出的结果显而易见。

就成本而言，有人曾指出，人们以为出厂价 20 元的产品，只要卖上 40 元，自己就多赚一倍，而事实上，如果在天猫开店经营，20 元出厂价的产品以 3 倍的价格 60 元卖出去，结果也只能是亏本。① 一方面，为了争夺用户，越来越多

---

① 《生意难做，看天猫开一个店需要多少成本？》，http://www.woshipm.com/pmd/61226.html，2013 年 12 月 31 日。

依靠渠道平台发展的品牌商不得不花费大量资金用于流量购买和宣传推广；而另一方面，从运营、设计、客服到库管，各方人力成本开支都不断飙升。因此，无论是品牌自身的营销宣传，还是响应渠道平台进行的周期性推广，在流量红利不断流失的情况下，大多数品牌商都只能吞下"赔钱赚吆喝"的苦果。

市场经济是一个不断变化的体系。对于广大品牌商而言，渠道本身也是不断进化的，对于渠道的把控和利用是品牌经营中的重点，当然，专注于品牌营销和产品升级也一样重要。

如何抓住风口？

渠道的最大作用是销售商品，促销和降价是常用手段。但是这种手段无法持续太久，产品价格是有底线的，所以依托这一手段而爆红的品牌往往生命周期很短。

在国内女鞋市场，宣扬"漂亮 100 分，美丽不打折"的达芙妮，曾不断刷新行业业绩，一度成为当之无愧的国内女鞋第一品牌。然而，仅仅几年之间，红极一时的达芙妮"美丽可以不打折，价格却在持续打折"，关店速度更是惊人。达芙妮品牌遭遇滑铁卢的原因或许有许多，但单从渠道战略而言，达芙妮在淘宝平台的布局堪称一大败笔。

的确，风口在那儿，谁不去抓，谁就很容易被淘汰，纵横市场多年的达芙妮自然也心知肚明。问题在于风口就在那里，而真正能够抓住的人却不多。达芙妮抓住电商风口，试水淘宝，初期在淘宝上线后，达芙妮选择将电商业务交给代理运营团队,而后随着电商的持续发展,达芙妮进驻天猫。此时的达芙妮正式转战电商业务,自建电商运营团队,并且制定了两条电商策略:一条主攻女性社区平台的打造,一条主推鞋品营销,开发线上专供款。然而,达芙妮忽略了重要的一点:对于消费者来说,网购本身就是为了方便和便宜。这恰恰是达芙妮没有做到的。200～300元的中端定价和诸多淘宝鞋类品牌无明显差异,线下门店又多达数千家。从达芙妮的一整套营销体系来看,电商布局反而成了鸡肋。随着同类品牌、产品的蜂拥而起,达芙妮面对业绩数据下滑的境况,没有从产品创新上下足功夫,而是盲目扩大在各大线上平台的曝光率,进驻更多的新兴网购平台。

对达芙妮来说,进驻电商平台在某种程度上缓解了线下持续关店导致的销量下降,但无法解决其产品创新的问题。消费者的眼界越来越宽,以往的渠道优势反而会变成拖累。达芙妮没有看到问题的关键,在渠道战略上做出了错误的选择。

直到现在,依然有很多品牌商顽固地认为,渠道营销就是上淘宝、上天猫、上京东,或者通过微信公众号圈粉赚流量。事实上,渠道的特性是走的人多了,路就窄了;竞争对手多了,卖出去的东西就少了。渠道红利正在慢慢消失,一切将回到原点,这不得不引起我们的深度思考。

实际上,对于所有品牌而言,无论选择何种渠道作为主要发力点,正确的姿势必然是在开展渠道营销的同时投入品牌营销,培育自己的用户群体,确立品牌形象和调性,让品牌力成为驱动企业发展的关键动力。

与此同时,品牌经营应当回到最根本的核心:专注于产品创新迭代和社群用户运营，以产品力和渠道力推动品牌发展。因为在市场与消费者两大主体的动态变化之下，渠道红利往往会随着大量同质化产品涌入而迅速消失，只有不断创新产品，培养自己忠实的用户群体，品牌才能持久盈利。只有让产品力和渠道力成为驱动企业发展的生命力，才能保证品牌竞争力始终旺盛，使品牌在市场竞争的腥风血雨中屹立不倒，进而参与到更大市场的角逐中去。

未来广告卖创意

"今年过节不收礼，收礼只收脑白金"，"瓜子二手车直卖网，没有中间商赚差价，车主多卖钱，买家少花钱"，"旅游之前，先上马蜂窝"……当下，无论是在电视媒体，还是电梯、户外的很多角落，诸如此类的无脑广告成为一种为大众所诟病的存在。此类毫无创意和正能量，一味以低俗夸张、简单粗暴的广告语"洗脑"受众的广告荼毒国人多年却依然大行其道。而另一边，无论是国外还是国内，一批充满创意、内容与情感并重的优秀广告也不断涌现，创意广告逐步被市场和全社会接受，未来十年，创意广告将会呈喷薄爆发之势（见图11）。

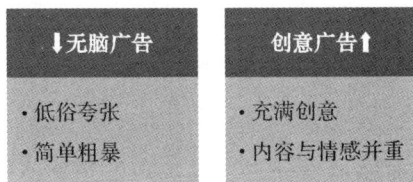

图11　广告发展趋势

无脑广告还能走多远？

追溯无脑广告的发展史，很多人会联想到 20 世纪 90 年代的脑白金、恒源祥等。即便在曾经精神文化水平普遍还不算高的年代，这些广告一经播出，也受到了各方抨击。在很多人看来，这些无脑广告的泛滥，不仅没有起到正面宣传品牌的效果，反而还极大地拉低了国人的审美水平。许多消费者甚至强烈建议工商管理部门对广告画面做审核，对"三俗"广告予以坚决取缔。

近年来，无脑广告的传播势头并未减弱，许多品牌商甚至不惜重金聘请明星代言，继续上演一幕幕荒唐无比的广告镜头。2018年世界杯是全世界球迷的盛宴，也是全球广告商大展身手的舞台。其间，我们欣赏到了国内外众多极具画面感甚至达到大片级别的一流创意广告。然而，让很多球迷和观众无法忍受的是，仍然有许多无脑广告带来无休无止的疲劳轰炸与视觉污染。比如，某旅游网站邀请当红明星代言的广告"旅游之前，先上×××"，"为什么要上×××"，宛如复读机式的重复问答，让许多人感到无脑广告的可怕。事实上，尽管大众深恶痛绝，这种充满了"自嗨"的恶俗广告却大有市场。

诚然，审美和品位是很主观的东西，就好比一千个人眼里就有一千个哈姆雷特，由于大众审美观念、个人喜好及知识层次存在不同，一部广告在内容和表现力上不会赢得满堂彩。但不管创意是俗还是雅，广告成功的关键在于触动受众，在消费者的记忆中留下触点按钮，使人能在嘈杂喧闹的传播环境中关注到品牌，进而在面临选择时能够立刻联想到这个品牌。这些简单粗暴的无脑广告试图以另类的方式赢得关注的目光，却被广大受众视为视觉垃圾，其重复不断的传播，导致大众对品牌的厌恶感不断增加。这样的结局，对于品牌商而言，可谓"赔了夫人又折兵"。

随着中国年轻一代的崛起，审美情趣和个人气质越来越受到重视，成为构建自我的主要内因。未来十年，随着进口商品涌入给国内消费环境带来的巨大改变，无脑广告将越来越难以被人们接受，消费者甚至会组成团队集体抵制无脑广告。荼毒国人多年的无脑广告时代，已经到了终结时刻。

中国已接轨国际进入创意广告时代

和众多毫无创意、近乎等同于视觉垃圾的无脑广告相比，近年来我们也欣喜地发现，无论国内还是国外，一批执着于原创、具备创新意识的广告人，正在将广告打造成精品和经典。画面精美，内容充实，情节或曲折离奇或感人至深或令人捧腹不已……这些善于从不同角度展现品牌特色的广告作品，正通过病毒式传播赢得大众的喜爱，也让品牌获得最佳的传播推广效果。

作为国民品牌，百雀羚一直是善于抓准情感焦点的营销专家。2017年母亲节，许多国人都被百雀羚的长图广告《一九三一》刷屏了。或许很多人并没有记住广告的主角"月光宝盒"，但百雀羚还是通过精美的画面和曲折的情节，精准地勾起了许多人的怀旧之心，这也让百雀羚再度成为热搜话题。在这则长图广告中，民国风、谍战情节、脑洞大开的对话、性感妖娆的美女特工……众多吸引眼球的元素，被百雀羚广告营销团队巧妙地融为一体，用此时无声胜有声的感染力收获空前成功。没有走大牌明星代言路线，百雀羚通过十足的创意展示出独特的气质，既遵循既有规则和逻辑，又不断尝试新玩法，紧跟消费文化的潮流。这种创意广告，也成为时下最能赢得消费者认同的广告类型。

其实，美国早就进入了创意广告时代，以 YouTube 和 Facebook 为代表的互联网巨头就是这一广告类型的孵化地。而我们的邻国——泰国和印度，也产出了大量创意广告。通过病毒式传播，这些优秀广告作品的影响力惊人。特别是泰国，近年来走心的创意广告不断，如泰国人寿保险广告《无名英雄》、内衣品牌 Sabina 的《天堂公司》等。如今，创意满天飞的视频广告数不胜数，搞笑、励志、鸡汤等各式各样都有，泰国广告可谓是整个广告界的一股清流，基于现实，意味深长。广告不应该只为营销服务，在泰国广告片中，人们更多能感受到一股强烈的社会责任感，它挖掘平凡小人物的闪光点，不管是街边小吃店老板还是身无分文的流浪汉，在广告片中，他们都是真善美的化身，能引起广大受众的共鸣。如今，国内也涌现出越来越多的优秀创意广告制作团队，他们让许多国产品牌拥有了产品优势特色之外的文化内涵，对于品牌的市场推广可谓功不可没。比如国产厨卫品牌方太，近年来屡屡推出以情动人的创意广告，《最难的事》《爱人·敌人》《因为你在乎》……这些故事型广告既诙谐又温馨，既真诚又俏皮，许多人在观看之时会不由自主地将自身代入到情节之中，享受到沉浸式的情感体验。

从无数成功案例来看，优秀的创意广告，足以让品牌宣传事半功倍。比如 2016 年华为的 *Dream It Possible* 创意 MV 就取得了空前成功。MV 多场景切换视角记录小女孩的成长故事，清晰见证了女孩追梦、逐梦和圆梦的全过程。在不经意间植入华为手机既增强品牌的温情一面，又体现出品牌的励志一刻。和各种直白生硬的广告套路相比，这种画面、情节、情感俱佳的 MV 形式广告更易被广大受众所接受。

如今，中国的创意广告时代已然来临，微博、微信、抖音等社交化媒体都成为创意广告主要的引爆场所。创意十足、脑洞大开、调性独特、情感丰沛、画面唯美、故事动人，这是创意广告相较于无脑广告的优势所在，而这也是传播领域的潮流趋势，特别符合年轻一代的口味和需求。在创意广告上取得成功，将对品牌的深度推广起到不可估量的积极作用。

爆款广告＝画面唯美＋感性共振＋理性表达

不同时代的人们有着不同的审美标准及需求；在商品市场，消费者对品牌、产品的认同和接受是一个逐步深入的过程。曾经大行其道的定位广告如今已经无法征服新一代消费者。除了通过理性表达准确传递广告内涵之外，考虑目标用户的审美情趣、注重情感共鸣的新时代视觉传达理念逐步展示出强大的效果。以画面唯美、感性共振、理性表达为核心的新时代视觉传达三维理念，已经成为品牌精准连接用户，以沉浸式体验打动用户的核心法则（见图 12）。

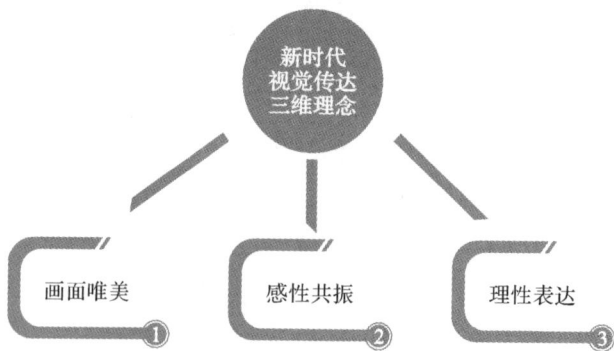

图 12　新时代视觉传达三维理念

消费新群体的成长注定了定位广告时代的没落

曾经，在定位广告支配市场的时代，对于消费者而言，除了口口相传，广告的确是他们获取商品信息进而做出消费行为的重要参考。在这一阶段，消费者对于广告本身并没有过多要求，只是看重广告所传达的产品特色。可以说，除了少数经典广告以令人耳目一新的创意，特别是广告代言人的出色发挥让消费者印象深刻之外，绝大多数广告仅仅相当于产品说明书的升级版，并没有产生深远的宣传效果。

中国自改革开放以来，已经从物资匮乏、品牌单一的卖方消费品市场，过渡到业态繁荣、品牌林立的买方消费品市场。尽管在这一市场环境中，根植于定位理论的定位广告依然可以满足消费者的物质需求，但未能满足更深层次的情感需求和尊重需求，这也注定了定位广告无法征服新一代消费者。

近年来，国内市场不断出现走野蛮直白、夸张低俗路线的广告营销案例。瓜子二手车、王老吉、椰树牌椰汁的广告近乎视觉污染式的广告效果，不仅受到创意界的谴责，也因为其与消费者需求相悖的品牌营销策略，让品牌形象受到严重损害。国内凉茶领域的实力品牌王老吉曾在 2003 年推出以大红色为主色调的广告宣传片，从红罐包装到简单粗暴的广告语"怕上火，喝王老吉"，整个广告画面十分杂乱，就是一群人吃饭、唱歌、看球、烧烤。众所周知，王老吉是凉茶，其功能针对的是现代人容易上火这一问题，然而这则从头到尾都凸显出火辣氛围的广告，丝毫没有让消费者联想到清凉。

深入剖析王老吉的这一广告败笔，可以发现，这正是其遵循定位广告理论的结果。在 2003—2008 年，火锅店和香辣菜馆成为餐饮领域的当红类型，王老吉也正是瞄准了这一市场，希望凉茶产品成为消费者在火锅店和香辣菜馆消费饮品时的首选。然而，令人失望的是，王老吉在品牌营销上并没有用更为巧妙的方式去融入和体现凉茶"清凉、不上火"的特色，而是一味迎合火锅和香辣菜品的"红"，彻头彻尾的大红色调不但没有清凉感，反而平添了焦躁感。

如今的市场环境中，表达方式过于直接粗暴的无脑广告很容易让人反感，无法激发消费者的消费欲望，尤其是"90 后""00 后"消费者，他们需要的是能够引起情感共鸣和情绪共振的品牌和产品。很显然，这也注定了定位广告时代的没落。

打造品牌独一无二的个性化标签

在强调视觉传达的营销新时代，消费者对广告的内容与表达方式有了审美和情感上的要求。一则优秀的视觉广告会用独到的手法让消费者不由自主地对产品产生浓厚的兴趣。这种点到为止的表现手法最能打动消费者的内心，远比千篇一律的重复轰炸更具穿透力和影响力。

如今已经进入到数字营销时代，对于品牌商与广告商而言，也许只需要一张图片、一条视频作为信息和创意的载体。一张好的图片或一条好的视频会被高速转载到网络的每一个角落。尤其如今手机拍照如此方便，随意抓拍的一张照片，也许就是一个信息分享源头。在这样的条件下，品牌宣传要融入视觉传达三维理念，往往需要花更多的心思。

说到广告营销界的高手，无论是在文案设计还是视觉设计方面，杜蕾斯都是当仁不让的"大师"。2011年一场意外的大雨给了杜蕾斯借势营销的机会，杜蕾斯第一时间抓住切合点，将避孕套和防雨鞋相结合，在微博等社交平台上发布话题，通过多种社会化营销手段的推进，杜蕾斯快速成为舆论焦点，该话题也被推向高潮。不得不说，在这次营销事件中，杜蕾斯的创意团队无论是反应速度还是创意思维都值得肯定。视觉传达三维理念在这次广告营销中得到充分的体现。这种极具画面感的宣传，也充分契合了年轻消费群体的价值观和审美观。

再说到国内品牌，江小白和三只松鼠堪称视觉传达方面的高手。比如在店铺设计上一直受到年轻消费群体喜爱的三只松鼠，其创造的卡通松鼠形象、产品场景式设计和有趣的互动已经成为它最深入人心的品牌标签。特别是在渐成主流的线上领域，三只松鼠的店铺页面都是以松鼠IP来展现的，无论是首页还是详情页，所有的活动信息及产品描述均是以松鼠的口吻来阐述，萌态十足的松鼠形象给人带来轻松愉悦的感受。从消费者进入店铺选购产品，再到下单收货，整个购物过程中均有可爱的松鼠形象陪伴。这种告别枯燥乏味的新型购物体验，一下子就吸引了年轻人的目光。而且，三只松鼠十分注重消费者的情感认同，它运用纯插画场景和实景＋3D形象，结合各类爆款产品打造特定的互动式场景。这种以真实陪伴为特色的情感营销，也让三只松鼠获得了最忠实的用户群体。

无论是国外的可口可乐和杜蕾斯，还是国内的江小白与三只松鼠，近年来,越来越多的品牌开始认识到视觉传达在品牌营销中起到的关键作用。的确,这种视觉传达理念的市场运用,不只要表达理性诉求,更要用唯美的画面和温馨的互动让目标用户产生情感共鸣。与狭隘机械的定位广告不同,以画面唯美、感性共振、理性表达为核心的新时代视觉传达三维理念充分把握市场与用户的需求,将品牌核心理念和价值优势巧妙融入,开创了极具影响力的"视觉营销革命",这将对品牌的深度传播和推广起到举足轻重的作用。

消费洞察在左，市场选择在右

在历史上，印证"知己知彼，方能百战百胜"的经典案例不胜枚举，这一兵法谋略也被中外企业家广泛运用到商业领域。特别是在市场变化、行业波动越发频繁的当下，对于一个企业而言，消费洞察与市场选择的重要性越发突出。可以说，能够在这两大领域做到务实和精准，就是为企业的飞速发展夯实了根基。

消费洞察是企业的"眼睛"。企业要盈利，必然要先生产产品或提供服务，使其通过市场流通到达消费者手中。这也意味着不同领域、不同规模的企业，都要围绕着共同的目标进行经营运作，那便是消费者的需求。从市场经济学的角度来说，消费洞察就是企业在生产环节之前所必须完成的关键步骤。

消费者最急需的产品和服务，是企业生产经营和成本投入的重要参考。没有做好消费洞察就盲目开始生产，不仅无法收获预期的产值和收入，甚至还会入不敷出，导致产品积压、成本激增，企业因不堪重负而破产倒闭。具体来说，消费洞察是品牌策略和整合营销的出发点，包含了需求满足调研、产品竞争力调研、品牌认知调研、品牌调性感知、品牌形象感知、购买动机判断、消费决策分析、消费场景分析、用户体验感知、用户获取信息媒介调研、市场消费容量和品类发展趋势评估、同区间产品分布密度和竞争状况评估等。可以说，一次行之有效的消费洞察，不仅能帮助企业找准后续发展布局的方向，避免走弯路和浪费资源，而且能让企业在战略布局上占据行业高地，为持续保持竞争力奠定基础。

当下，共享经济热潮正在向更为细化和专业化的领域拓展。作为新经济时代中国产业化变革的亮点，共享单车无疑是"经典之作"。作为行业领头羊，摩拜单车这一品牌正是将消费洞察做到了既精准又透彻。

很难想象，摩拜单车的创始人胡玮炜是如何从一个媒体人成为共享经济的创新先锋的。摩拜从共享理念中诞生，到向市场全面布局，以及后续产品技术与用户服务的持续更新，可以说，其品牌对于消费洞察所做出的一系列努力收获了应有的成果。

在寻找创业项目初期，胡玮炜就从自身的一次经历中寻找到了市场需求。一次，胡玮炜在杭州看到有公共自行车停在路边，喜欢骑自行车的她虽然很想租一辆自行车在城市里游荡，却不知道怎么租车、怎么交押金、去哪里办卡。此外，公共自行车还有一个问题，就是借车和还车都必须找自行车桩，如果你借车的地方有车桩而目的地没有，那就很麻烦了。这种看似便捷实则有些麻烦的公共自行车，始终无法很好地服务大众。她的这种困扰，其实也是社会上普遍存在的困扰。一直以来，为了缓解交通压力，特别是为"最后5公里"的出行带来便利，各地政府做了很多工作，一线城市很早就推出了公共自行车。这类公共自行车不需要维护，不需要担心丢失，但还是有一个痛点没有解决——不够方便。

找到了问题的关键点，当真正开始推动项目落地时，胡玮炜和摩拜团队并没有被喜悦冲昏头脑，而是沉下心来进行了全方位的消费洞察。共享单车项目会不会得到用户的支持？要在哪些城市首先落地？在产品技术上要打造哪些特色？怎样的收费模式行得通？针对此类核心问题，摩拜在消费洞察方面做了大量工作，也进行了全方位的探讨和验证。可以说，通过务实而精准的消费洞察，摩拜不仅找准了后续在共享单车市场发力的正确方向，也用最合理的战略布局铺平了行业领军企业的成长之路。

共享单车这种商业模式，不像中国大多数互联网创业项目那样借鉴或直接搬用了国外的成功模式，比如滴滴借鉴 Uber、腾讯借鉴 ICQ、阿里巴巴借鉴 eBay、微博借鉴 Twitter、百度借鉴 Google 等。可以说，摩拜单车的概念、产品及服务都是中国人首次推出的。正是基于中国是自行车大国、城市交通拥堵现象突出这一实情，摩拜单车团队在消费洞察阶段有针对性地进行前期布局，才成就了后续品牌的辉煌。这也证明了消费洞察是企业的一双眼睛，对于企业营销决策水平的提高可以起到事半功倍的效果。

而市场选择掌控企业的战略节奏。如果说消费洞察是从微观角度奠定了企业经营发展的基础，那么，真正影响企业营销战略节奏和发展目标的，必然是市场选择。市场选择是企业走出去的第一个关键决策，也是营销战略落地的前提。选择好目标市场，明确了具体的区域、人群、媒介和渠道信息，企业营销的一系列具体动作才能落地实施。新消费品牌进入市场需要选择合理的发展路径，最有效的方式就是集中优势资源，聚焦于区域市场进行攻坚战，而不是盲目地全面撒网、全渠道拓展、全媒体投放。

企业的市场选择是结合已知条件，即市场、消费群体及企业自身实情做出的最优化选择。这也意味着，在进行市场选择的过程中，往往有很多可选项，每一个可选项或许都有值得考虑的优势，但对于企业决策者而言，唯有选择最适合自己的项目，才是最正确的市场选择。

2018 年 9 月，国内火锅连锁巨头海底捞成功上市，这一消息迅速成为各大媒体的头条新闻。在竞争激烈的餐饮市场，从一家名不见经传的小店起步，经过 20 多年的发展，海底捞已然成为在大陆及港澳台地区拥有 300 多家门店的大型连锁餐饮企业。很多人回溯海底捞的品牌历程会发现，这几乎是一个无法被复制的品牌神话，而造就神话的，正是海底捞在市场选择和营销战略节奏把握上的成功。

众所周知，火锅作为大众餐饮消费的热门选择，在全国拥有数量庞大的消费群体。然而，市场足够庞大，参与竞争者更是不胜枚举。特别是一些行业巨头品牌，凭借着雄厚的资本实力不断蚕食市场，让后来者很难与其抗衡。就在这样的市场环境下，创业初期的海底捞在市场选择上精准发现了市场空白处，"服务"这一概念成为海底捞的金字招牌。遵循"绿色、健康、营养、特色"的经营理念，海底捞在继承四川饮食文化"麻、辣、鲜、香、嫩、脆"的特色的基础上，致力于火锅文化的研究、开发、创新，以纯正、独特、鲜美、营养的口味赢得消费者的大力推崇，在消费者心目中留下了"好火锅自己会说话"的良好口碑。与此同时，海底捞始终秉承"服务至上、顾客至上"的理念，改变标准化、单一化的传统服务，提倡个性化的特色服务，致力于为顾客提供愉悦的服务体验。①

对市场需求差异化的精准把握和服务上的超预期用户体验，让海底捞快速爆红并获得了初步成功。海底捞并没有因此开始快速扩张，而是稳扎稳打，放慢发展节奏，集中精力深耕北京、上海等几个重点城市，让团队能力、研发能力及供应链都能跟上业务的发展。这种爆红之后依然不骄不躁的心态恰恰体现了海底捞当家人张勇作为企业家的修养。经过几年的行业深耕，海底捞开始进驻二线城市，但是在每个城市都是一家一家地缓慢开张，不少店面选址都不是在餐饮店聚集的繁华商场，而是在商业区写字楼。这种市场选择和进入策略，让海底捞在每个城市开业后都能够持续火爆，并快速积累起超强的人气和品牌号召力。排队在海底捞可谓家常便饭。这种对营销战略节奏的把控是海底捞 20 余年发展下来势能依旧的很大原因。不快速向更多城市扩张、不盲目在同城开店、不跟风进入商场，这些营销策略体现了张勇的战略智慧和全局驾驭能力。此外，海底捞不局限于门店经营，经过精心准备，海底捞从 2010 年开始就推出"Hi 捞送"外卖服务，率先开启火锅外卖时代。Hi 捞送提供一站式服务，炊具、锅底等一系列物件均全套备齐，向消费者提供更好的体验。与此同时，借助互联网经济的东风，海底捞又在天猫商城推出海底捞调味料旗舰店，出售火锅底料、酱料等产品，拓展出了直营店之外的其他销售渠道，也开拓出了全新市场。

---

① 《海底捞上市的幕后推手》，品牌营销顾问专家，搜狐网，http://www.sohu.com/a/258905047_100246428，2018 年 10 月 11 日。

　　海底捞的成功自然无法被后来者简单复制，然而海底捞在市场选择上的智慧和经验，却值得每一家企业深入学习。从根本上说，企业选择的目标市场应是那些企业能在其中创造最大顾客价值并能保持一段时间优势的细分市场。或许很多大型企业或行业巨头有足够的资本去容错，可以广撒网，尝试不同的市场选择，然而对于绝大多数资源有限、实力一般的中小型企业来说，或许只服务于一个细分市场才是正确的营销战略决策（见图13）。这样谨慎细致的选择，不仅能有效地规避投资风险，而且可以让企业获得在细分市场的相对领先优势，并持续在该市场收获足够的收益，积累到足够的资本，以冲击更大市场。

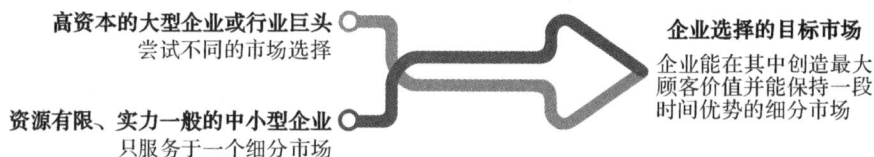

高资本的大型企业或行业巨头
尝试不同的市场选择

资源有限、实力一般的中小型企业
只服务于一个细分市场

企业选择的目标市场
企业能在其中创造最大顾客价值并能保持一段时间优势的细分市场

图 13　不同规模企业的市场选择

　　企业经营运作是一项复杂的系统工程，如同围棋对弈一般，初始的每一步即决定了棋手的战术风格和后期布局，"一着不慎，满盘皆输"的道理同样适用。对于企业决策者而言，做好消费者洞察和市场选择，是开创事业的必修课，也是决定未来事业高度的关键。

08

成也公关，
败也公关

公关超越广告成为新消费品牌营销的首选武器

提到公关一词，许多人会下意识地联想到近年来形形色色的"危机公关"热点话题。事实上，在营销学领域中，公关是超越广告的营销战略，也是实现新消费品牌快速崛起的制胜法宝。懂得公关营销并将其运用得恰到好处，不仅能够化被动为主动，更能有效提升品牌宣传推广力度，实现最高性价比的"一举多赢"。

公关营销可精准实现最大层面的品牌推广

如今，公关作为一门管理艺术，不仅被纳入经济学领域作为重点研究范畴，还被广泛地运用到企业的经营活动中。从美国近20年新消费品牌的崛起来看，苹果、特斯拉、谷歌、Facebook、亚马逊、全食超市（Whole Foods Market）都不是依赖大规模广告崛起的，公关才是这些品牌崛起的关键因素。

2018 年 4 月，Facebook 的 CEO 扎克伯格"大战"美国国会的视频轰动全球，成为各国网民关注讨论的热点。抛开事件本身的黑白对错不谈，扎克伯格在这次事件中对公关战略的运用可谓炉火纯青。

在听证会期间，大家看到的是一个西装革履却面带疲态的扎克伯格，这和他平日 T 恤休闲装的形象大相径庭。这一差别让公众明显感到他对此次听证会的重视程度。而且，他的焦虑神情与脸上的疲态也唤起人们的同情心。在态度上，扎克伯格毫不回避问题，坦然承认了自己及 Facebook 的过错，并详细说明错在哪里，以后要怎么改正，也表明愿意接受政府的监控。这样坦诚的态度和有担当的表现，立刻赢得了人们的好感。在听证会的最后，扎克伯格在此前铺垫的基础上进一步拓展和升华，表明了重塑公司的愿景，强化 Facebook 在推动社会发展方面的作为。一场危机就这样被巧妙地化解了。

将品牌危机转化为推广品牌的机会，扎克伯格显然做得极为高明。纵观过去十几年的危机公关案例，危机营销最佳的方式还是直面自己的问题，向用户坦诚事实，用最接地气的方式表明改正的决心和具体的措施。据美国公关专家对部分著名公司的调查，80％的企业管理者认为，企业发生危机如同死亡、税收一样不可避免。① 企业在发展过程中，常常会遇到各种各样的危机，如经营危机、管理危机、法律危机、素质危机和关系危机等，而此时

---

① 《中国式危机公关 9＋1 策略》，王微，北京：当代中国出版社，2007 年 5 月版。

采取正确的公关活动就可能化解危机，甚至借助对危机的处理使企业形象或品牌形象得以提升(见图14)。

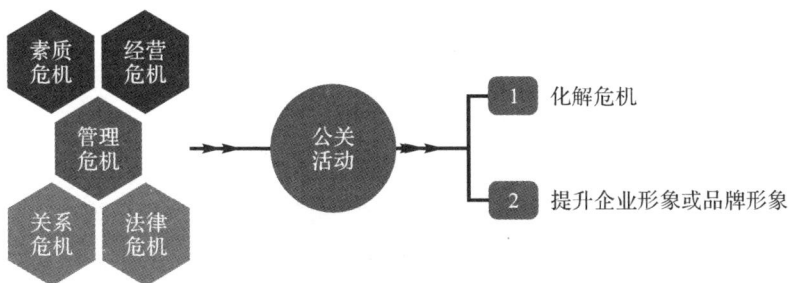

图14 公关活动对企业的作用

开展公关活动很可能要运用广告这种重要的传播形式，但广告不等于公关；它们之间既有联系又有区别。从效果来看，进行硬性的广告宣传实则是对资本的巨大耗费，消费者对这类广告存在排斥心理，其效果往往事倍功半。而精准的公关营销往往事半功倍，能带来更加出色的舆论引导与推广效果。中国近十年崛起的淘宝、京东、小米、美团、滴滴、三只松鼠、农夫山泉，以及近三年爆红的摩拜单车、褚橙、卫龙辣条、喜茶、瑞幸咖啡、乐纯酸奶、小仙炖、答案茶、乡土乡亲、维吉达尼、袁米碱生稻、HeyJuice轻断食果蔬汁等品牌，无不是通过公关传播来塑造品牌形象和打造产品认知的。可以说，公关正在逐步替代广告成为品牌营销的主要手段。

公关是新消费品牌爆红的关键点

公关传播是一门实用学科。处理好品牌与媒体、行业协会和政府主管部门等的公共关系是基础，传播策略和媒介资源整合，以及 PR"三板斧"的精心策划是落地的关键（见图 15）。在此基础上，专业全面的公关战略亦必不可缺。

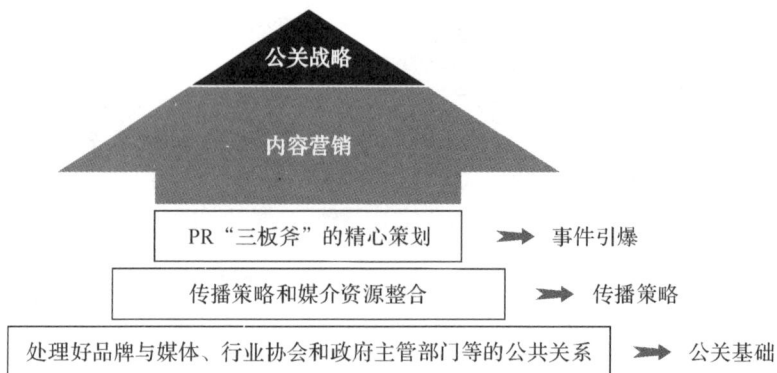

图 15　企业的公关战略

有权威数据表明，国内互联网生态产业巨头小米，其 2017 年的销售及推广开支相较 2016 年增加了 73.1%，由 30 亿元增至 52 亿元，主要是用于宣传及公关开支、销售及推广人员的薪金和福利增加。[①]

在很多人看来，小米的当家人雷军不仅是企业经营的行家，更是一位善于公关营销的高手。从 2014 年到 2016 年的 3 年时间里，雷军再三地在公开场合强调"5 年内小米不会上市"，其中更包括达沃斯论坛这样的顶级峰

---

① 《小米 2017 年销售推广费用增七成　一年花 19 亿宣传新品打广告》，刘春山，每日经济新闻，http://www.nbd.com.cn/articles/2018-05-03/1213686.html，2018 年 5 月 3 日。

会。雷军隐晦地表示小米上市的节点会在 2025 年。然而事实是，2018 年 5 月 3 日，小米就提交 IPO 资料并成功上市。可以说，雷军将"话题公关"做到了极致，也为小米上市后的巨大成功奠定了基础。不仅如此，从雷军与董明珠连续剧般的 PK，到 2015 年"米粉节"211 万台手机的破纪录销量，大大小小的公关话题让小米在媒体圈持续曝光，占据头条。小米也依靠多渠道、多形式的公关战略，让品牌始终保持最大范围的曝光度与热度。

和小米一样，近年来，包括小罐茶、马蜂窝、知乎、人人车、瓜子二手车、神州租车、易到租车等众多新锐品牌的崛起，都离不开公关的保驾护航。反之，一些传统大牌依赖广告快速崛起，却缺乏公关护航，未能经受住市场的风浪，在后知后觉中迅速崩盘，不得不说是一种遗憾。

营销天才史玉柱几经沉浮的创业史堪称传奇，他也是国内善于借势广告营销的先行者。一度在电视荧屏上刷屏的脑白金广告，就是他的得意之作。脑白金的成功在于它轰炸式的广告营销，而多数做礼品的企业没有这个胆量和魄力采用这样的营销方式。然而，当新鲜度和热度过去后，特别是消费需求发生了改变之后，沉迷于广告轰炸的脑白金忽视了公关战略的重要性。伴随着全民消费意识的逐渐成熟、消费能力的不断提升，大量高价值保健品入市，让脑白金在市场上一蹶不振。而就在这样的情况下，史玉柱依然没有在公关营销上采取行动，而是不断地将广告轰炸后撤到三级、四级市场，其失败便不难理解了。

和已经令消费者审美疲劳的硬性广告营销相比，通过开展公关活动进行品牌营销，可以说是一项影响深远的长期投资。特别是善于整合资源、聚力合作的品牌，它们懂得借助来自政府、行业协会、媒体、专家、消费者甚至同行业竞争对手的资源力量，使企业在正面曝光中得到社会舆情的认可和支持，为自身创造良好的生存发展环境。在当今社会，为了市场的拓展和品牌的生存，企业必然需要引起公众的关注；而为了在快节奏、快餐式的信息传播中脱颖而出，抢占人们的认知，就需要借助公关的力量。无论是危机公关还是话题公关，懂得精妙地借势甚至造势，是品牌在市场竞争中占得先机进而争夺市场地位的前提。

要做就做一流的公关

随着市场经济的发展和商品竞争的深入，琳琅满目的商品日益丰富了人们的生活，众多可选择的品牌扩大了消费者的选择空间，同时也加大了商家的竞争压力。而信息技术的普及，互联网新媒体的出现，使信息传播速度大幅提升，这导致品牌一旦出现负面信息就会被迅速广泛地传播。这是市场经济与信息时代给予企业的新挑战。然而很多企业的公关意识不足，在遇到突发事件时一味选择压制舆论，这往往会导致一夜之间被披露出更多的负面消息，使企业陷于危机之中。而良好的公关能力可以为企业带来正面效应，使危机转变为企业发展的机会。

互联网的高效传播为品牌营销提供了很多新方式，也为品牌带来了重大挑战。很多企业因为广告而一战成名，也有很多品牌因为公关而一蹶不振。这些教训无不告诫企业：若不懂危机公关，一旦出现负面消息，很可能会使企业面临出局的风险。

危机事件带给我们的应该是警示。企业在做公关时应该遵守以下三个原则：

第一，作为行业知名企业或者领导品牌需要严格自律，保证产品质量和服务品质，并引领行业树立标准规范。

所有的危机事件都不是空穴来风，只有确保自己的产品品质才能减少危机事件，保障企业的长远发展，尤其是行业知名企业或者领导品牌，更应该严格自律。只有产品没有问题，面对危机事件才有重新站起来的实力。对比三鹿奶粉与农夫山泉的危机事件，我们能够明确地看到，只有企业自律，产品没有问题，才能变危机为转机。

2013年3月8日对于农夫山泉来说是一个可以记入企业大事记的重要日子。这一天，一位消费者投诉农夫山泉水质问题，进而发酵出"质量门"事件，从21世纪网到《京华时报》，权威网站和深具影响力的都市报先后成为农夫山泉的主要对手，农夫山泉没有选择压制舆论，而是向媒体据理力争，"质量门"衍生为"标准门"，企业与媒体各执一词，事态逐步升级。2013年5月9日，《人民日报》刊发题为"农夫山泉抽查合格率100％"的文章，给农夫山泉的产品质量正了名，历时两个月的农夫山泉危机事件终于落下帷幕，农夫山泉也重新赢得了公众的信任。对比三鹿奶粉，事件发酵后，有关部门很快就在产品检查中发现了化工原料三聚氰胺。最后推向三鹿奶粉走向灭亡的并不是舆论，而是它自己。

第二，作为地方企业，在砸电视广告、发展全国市场的时候，切记不要做虚假宣传，同时要提前构建和全国主流媒体平台、行业协会，以及上级主管部门的公共关系网络。

企业放眼全国市场是没有问题的，但是地方企业在冲击全国市场时，对于品牌定位、品牌形象的打造要准确，尤其是在产品宣传上，不要夸大其词。一方面，消费者对无脑广告本身就有一定的反感；另一方面，虚假宣传对自身品牌形象的打造存在负面影响，也会对企业未来发展造成隐患。特别是电视广告宣传,因其面向的是全国观众,更要谨慎对待,严格遵守国家广告法的相关条例。

鸿茅药酒的虚假宣传曾在网络上引起轩然大波,更有消费者主动爆料,大有墙倒众人推之势。鸿茅药酒本身是一种药,而非保健品,随意饮用对老年人的身体健康其实有损害,而广告中鸿茅药酒却被打造成了无所不医的神酒。早在2010年8月和2016年3月,重庆市食品药品监督管理局就对鸿茅药酒的虚假宣传进行过通报,指出了其存在超出药品批准说明书的文字内容、任意扩大产品适用症范围的问题,但是鸿茅药酒并没有重视并进行整改,导致其最终扩大为全国性的危机事件。

除了不能虚假宣传,企业还应提前构建与全国主流媒体平台、行业协会及上级主管部门的公共关系网络,提前预防危机事件的发酵。在新媒体时代,权威观点能够引导舆论,在危机公关中往往起到至关重要的作用,因此,企业应该与权威平台保持良好关系,防止危机事件爆发时舆论一边倒的情况。

第三,作为行业新兴品牌,企业不应在初期就抱持颠覆行业、打败对手的心态。

很多新消费品牌在市场营销时往往用力过猛,直击对手和行业知名品牌,其实这些营销手段是非常不明智的。首先,作为一个新兴品牌,最重要的不是占领市场,而是赢得消费者的好感。在消费者已经认可一个品牌的前提下抨击该品牌,无异于自掘坟墓。其次,行业内的知名企业往往有自己成熟的公关团队,企图颠覆它无异于以卵击石,往往会弄巧成拙,将自己的缺陷暴露出来。再次，一个良性竞争的平台能够为消费者提供更多的选择，只有突出自己的特点，才有可能谋求发展。

五谷道场"非油炸帝国"的坍塌给每一个企业公关团队上了深刻的一课。北京五谷道场食品技术开发有限公司于 2004 年 10 月注册成立，五谷道场方便面于 2005 年 11 月面市，在短期内就取得了迅速发展，2006 年全国销售额达 5 亿多元。这样一个上升迅速的企业最终却面临破产的结局。五谷道场率先提出"拒绝油炸，留住健康"的产品理念，主打"非油炸更健康"的营销主题。很显然，一个"非"字把方便面市场劈成了两半，一边是主流的油炸方便面，另一边是五谷道场的非油炸方便面。很显然，五谷道场企图以弱搏强。在后期营销上，它更是利用"油炸食品容易致癌"这一观点大做文章。这一举动无异于与整个方便面行业相对立，树敌太多，导致它最终走向了破产。反观同样是主打非油炸速食面的今麦郎老范家速食面馆面，巧妙地提出了"第二代方便面"的理念，规避了与其他速食面品牌相对立的问题，由此迅速发展壮大起来。

品牌公关是每一个新品牌不得不上的一课。市场经济的蓬勃发展为品牌营销带来机遇的同时也带来了挑战。当面临危机时，企业要懂得转"危"为"机"：第一，要对自己的产品有信心，在产品质量上严格把控；第二，要谨慎宣传，与权威平台保持良好关系，在危机事件发生后避免事件发酵；第三，不要树敌太多，要与行业共成长。当行业整体面临危机时，品牌自身的发展也会举步维艰，这就是唇亡齿寒的道理。

同样是面临行业内的危机，山东东阿阿胶和燕之屋碗燕在危机公关上采用了不同的处理方式，最后的结果也截然不同。山东东阿阿胶主动进行危机公关，提出"宁停产，不造假"的承诺，并发表文章指导消费者如何辨别真假阿胶，提升了消费者的好感度，树立了全行业的标准，使企业转危为安。而同样面对质疑，燕之屋碗燕依然选择轰炸式广告宣传，更不惜花重金投资晚会。消费者不禁质疑：产品暴利，才有资本花重金宣传。对于燕窝含量少、增稠剂超标等问题，燕之屋碗燕更是一味地回避和否认，最终导致产品在多个城市被迫下架。由此可见，公关意识在企业发展中占有非常重要的地位；若不懂公关，当面临危机时，不管是多庞大的"商业帝国"，都可能遭受无法估量的损失。

09

10 亿美元规模独
角兽的崛起之路

营销战略水平决定独角兽成败

近两年来,众多新消费品牌依靠网络营销,在短时间内成为网络爆款。尤其是在新消费群体追求创新与调性这一前提下,很多新品牌凭借出色的网络营销能力,一时成为新的时尚宠儿。但也有很多品牌爆红之后如同昙花一现,很快又淡出了人们的视线。新消费品牌持续爆红,直到成长为独角兽,要依靠战略、管理、资本、模式等方面的一系列商业创新,其中营销战略水平的高低决定了企业爆红之后能否成长为 10 亿美元规模的独角兽。

从点到面,把控营销节奏

品牌营销除却创新外还需要做详细的市场分析。作为一个新品牌要走进全国消费者的视野,需要进行全国市场营销布局,打造区域样板市场,由点到面地向全国市场发展。其中，如何把控营销节奏是应该考虑的重中之重。它要求创始人不仅具有敏锐的市场直觉，也要能对自己的品牌营销节奏做出准确的预判。

从 0 到 10 亿美元规模之路看起来漫长，其实不同阶段对市场营销的要求是不同的。品牌当然需要整体的营销战略，但在不同的成长阶段，需要分别对市场进行合理预判。王老吉是兴起于南方地区的凉茶品牌，一直专注于深耕南方市场，在南方市场稳定之后，才开始北渡长江进入全国市场。王老吉对自身的营销战略是有充分谋划和布局的。它在初期就制定了聚焦南方市场的营销战略，而不是盲目地进攻全国市场，进而才有了征服全国市场的本钱。很多新兴品牌在制定营销战略时，没能够准确判断品牌的发展阶段，而是盲目图谋全国市场，营销资源的滞后和人才团队的不完善都让企业陷入尴尬局面，最后只能草草离场。

选择三线市场，走农村包围城市的道路

一线城市固然是营销制高点，也是高势能战场，拥有高质量的消费力，消费人群也愿意尝试新品牌，但是一线城市主流消费人群的高审美格调、对品质服务的高要求，以及高场地房租、高人力成本、高营销推广成本等也成为新消费品牌在一线城市成长壮大的阻力，因此越来越多的品牌选择在一线城市"点火"、在二三线城市扩大发展的营销路径。一线城市能够引领全国的消费浪潮，这一事实是不容忽视的，因此新品牌需要在一线城市快速引爆、吸引投资、整合跨界资源、积累品牌势能，然后快速进入

二三线城市。从一线城市转向二三线城市,这是新消费品牌正确的营销战略选择。

纵观一些已经成熟的品牌,也是走了农村包围城市的道路,在发展的过程中选择了正确的目标市场。尤其是很多国产品牌,主攻二三线城市市场,占领了市场份额,进而被全国消费者所熟知。如海澜之家、劲霸男装、娃哈哈、森马、美的等都是采用了这种营销战略。

随着进口品牌开始大规模进入中国市场,中国本土品牌面临着非常大的市场冲击。而进口品牌在进入国内市场的时候都会首选一线城市。放眼全国,占据较大人口比例的二三线城市仍然是一个非常巨大的市场。新消费品牌可以首先占领二三线城市的市场,不断积累群众基础和实力,在竞争力足够以后,再进入一线城市与进口品牌相抗衡。

把钱花在刀刃上:合理配置营销预算

营销战略水平的高低不仅仅体现在市场战略布局上,还包括对营销预算的配置。很多新兴品牌往往在初期将品牌曝光做得很好,但是营销效果没有达到预期,投入过大又导致后期资金链出现问题,品牌因而最终走向末路。因此在不同的品牌发展阶段,如何合理投入成本、合理配置营销预算,是一个生死攸关的命题。品牌营销之路是一个长期的、有规划的发展过程。一夜爆红的品牌,在爆红后期也会出现后劲不足的情况,这就需要对营销团队和预算提前做出合理规划,计划好重点市场、重点人群,有重点、有目的地落实营销工作。

新消费品牌在品牌曝光上要着眼于全局，但是在渠道投入上应该有所侧重。品牌爆红之后仍持续盈利并不是能轻松实现的事情，在营销上能够达到理想的投入产出比也是一个需要摸索的过程。江小白作为一个异军突起的新兴品牌，算得上是营销界的经典案例，其成功背后离不开长远的谋划和持续的探索。大多数传统企业的创新营销是以获取短期利益为出发点的，先期投入巨大获利可观，后期却往往收效甚微。江小白从一开始就看清楚了一个事实，国内几百万家终端不是一两年就能够覆盖的，一切都需要时间的沉淀。国内酒水市场足够庞大，江小白在起初仅仅蜗居在重庆市场，在营销投入上也仅仅针对一个城市，有效控制了营销成本；在取得了一定收益后，逐渐增加营销投入，进军到川渝市场。合理的营销预算配置使江小白获得了长期发展的可能。很多人说江小白的成功源于创新精神，不可否认，江小白的成功一部分来源于创新，但其合理的营销预算配置也至关重要。

与品牌发展相匹配的人才战略

一个品牌的成功，最核心的因素还是在于人。拥有与品牌发展相匹配的人才战略，是品牌营销战略能够落实的关键。创新的人才观这里不再赘述，本书强调的是面对不同的市场，人才选用也需要进行适时调整。

在每一个品牌发展的过程中，其背后的营销团队也在同步成长。针对一个地区做营销，当然要选择适合当地的营销人才，要了解当地市场及当地人群的消费习惯。当企业逐渐走向全国市场，就需要与全国市场相适应的营销团队。越来越多的企业在品牌发展中认识到营销团队的重要性,却不能适时调整人才战略,最终只能落得被市场淘汰的结局。

新的消费需求催生了一系列新生品牌,品牌得以持续发展,从0成长为10亿美元规模的独角兽,创新当然是不可忽视的成功因素。但是仅仅靠创新营销是远远不够的,还需要将眼光放长,提高营销战略水平和人才能力水平。首先打下根据地;其次扩大生存范围,占领核心区域市场;继而发展跨区市场;最后进军全国市场。在这个过程中最重要的是战略规划的落实和对发展节奏的把握。作为一个品牌,有发展成为一个全国畅销品牌的野心当然是值得肯定的,但是也要考虑自身的企业实力。新消费品牌要循序渐进地谋求长期发展,不要一开始就把棋盘铺得太大,后期虎头蛇尾,仅成就短时间的爆红。在每一个阶段做好重点规划,紧抓二三线城市市场,才是一个新消费品牌发展的正确路线。

新消费品牌创新的出路

如今新产品出现的速度惊人,但失败率同样令人咋舌。尽管很多品牌在推广之前都经过了严密的市场调查和策划,但依然遭遇了滑铁卢。我们必须反思这种危机的根源——单单靠产品创新已经不能应付市场竞争,营销能力和商业模式创新才是品牌营销的未来。

互联网经济时代的到来,推动了人工智能、移动终端、共享经济等行业领域的进步,也使得商业模式朝着精细化、个性化、人性化的方面发展。管理大师德鲁克对互联网的影响力有过十分肯定的判断："互联网消除了距离。"①互联网的发展既突破了空间的局限，又改变了主动方和被动方的不对称地位，使消费者的主导地位得到确认，消费者有权利追求更加新鲜、具有个性的消费体验。这也代表着品牌营销将从经营产品转向经营客户社群。

---

① 《21世纪的管理挑战》，彼得·德鲁克著，朱雁斌译. 北京：机械工业出版社，2009年9月版。

新商业模式下的营销机会

近年来,随着互联网技术的飞速发展,消费者购物需求和购物方式的不断改变,以及行业竞争的日益加剧,我国零售业面临巨大冲击。但同时,科技进步也为商家带来了新的技术支持,尤其是移动终端的发展,使消费变得不再受时间与空间的限制,打破了信息的壁垒,使消费者和商家能够共享信息,商家也因此获得了更多机会。

商业模式创新带来的新机遇是以技术的发展为前提的。过去打车只能在路上拦车,能否打到车全凭运气,而现今滴滴出行为我们带来了新的打车体验。这正是移动终端与移动互联网的发展为消费方与服务方提供了信息资源,使得滴滴出行实现了商业模式上的创新。仅凭借改良车辆的外观与提升服务质量显然已经无法满足市场需求,商业模式的创新才是新出路。

创新的支点是"人"

常规的营销创新是"在某一特定市场内部的调整,如强化或弱化产品的特征,改变容积、数量、频率,改变包装方式,改进设计,增加成分或提供额外服务……"①这些创新策略的确能够扩大市场规模,但是一个新消费品牌,

---

① 《营销新理念——水平营销》,王江华,武少玲,《现代企业文化》,2008 年第 5 期。

在市场占有率、消费者认可度等方面本就相对处于劣势，单凭产品创新是远远不够的。常规创新并不能够改变产品的市场地位，只是简单地推出新口味的汤、新类型的洗发水、新款汽车，实际上与以往产品差别不大。由于传统巨头和其他处于优势地位的竞争者可以利用自身的资源不断推出丰富的产品，满足细分市场需求，市场最终会变得饱和，产品也会趋向同质化；新消费品牌要在本已饱和的市场中提高生存概率，就不仅需要创新产品，更需要针对客户群体做出模式创新和营销创新。

营销是一个系统的工程，它始于产品和服务对需求的满足。过度关注产品而忽视产品服务只会固化营销模式，导致消费者审美疲劳。在线上电商渠道成熟化的当下，新消费品牌如何提供线上无法提供的消费体验成为商业模式创新的重点。例如王老吉凉茶在商业模式创新上没有选择单一的产品创新，而是选择了线下店铺的新零售模式，让王老吉凉茶铺在各地密集亮相；更推出了凉茶加料服务与周边茶点，使王老吉凉茶铺成为新的"网红打卡地"。

从纵向营销走向水平营销

纵向营销是"将市场进行深耕再深耕的细分，从而为产品和品牌找到一个相对独一无二的市场空间的营销方式"[1]。而当下中国消费者已经走进第三消费时代，对商品的功能性要求已经由单一的满足需要进阶到个性化

---

[1] 《广告人手记》，叶茂中，北京：朝华出版社，2011 年 10 月版。

需求。水平营销是一个为创造新的类别或市场提供了很大可能性的工作过程，当它被应用于现有的产品或服务时，能够产生涵盖目前未涵盖的需求、用途、情境或目标市场的创新性的新产品或新服务。[①]

近几年一些公司运用水平营销思维探索出了原创性的新产品或新服务，例如银鹭花生牛奶从营养、美味等走产品细分老路的思维中解脱出来，赋予其"新植物蛋白饮料的领航者"的概念。[②] 除此之外，今麦郎旗下老范家速食面馆面从原有方便面口味、面型的细分中跳脱出来，提出了蒸煮方便面的新思路，在方便面市场已经走下坡路的今天，创造了 10 秒售罄的销售神话，将方便面从速食面转向了餐饮面。

更加注重物品的使用权而不是所有权

互联网的高速发展和开放性为共享经济的发展提供了肥沃的土壤。共享经济是以精准的大数据处理和计算机终端智能处理为基础而兴起的一种商业模式。它实现了物品的由买到租，完成了对物品所有权的拆分，让人们更加注重物品的使用权而不是所有权，为人们的生活带来了诸多便捷。

共享经济的核心是重新配置闲置资源，减少现有资源浪费，实现产品和服务的再分配。新的商业模式更加注重资源的利用率，在提高利用率的同时满足更多的消费需求。街电充电宝是共享经济的典型范例。相较于传统

---

① 《水平营销》，菲利著·科特勒，费尔南多·德·巴斯著，陈燕茹译，北京：中信出版社，2005 年 1 月版。

② 《营销新理念——水平营销》，王江华，武少玲，《现代企业文化》，2008 年第 5 期。

的充电方式，街电充电宝共享模式更加人性化。大家出行时常常会遭遇手机电量耗尽的情况，带上充电宝不仅不方便，还要防止充电宝的电量也被耗尽；而传统的公共充电模式是需要在一个固定的地方充电，非常不便利。街电正是瞄准了这一痛点，创新出共享充电宝这一模式。除了街电，摩摩哒共享按摩椅也同样抓住了某种需求，使等待的碎片时间变成一种享受，同时节省了人工按摩的高费用。对于大多数消费者来说，共享经济的商业模式为他们解决了问题，也节约了资源。

综合来看，新消费品牌未来的创新并不局限于产品和营销层面的创新，更多的是商业模式的创新，从卖产品转向卖解决方案，即从产品的创新到服务的创新。产品营销时代消费者更加注重价格与便利性，品牌营销时代消费者更加注重品质与服务，体验营销时代消费者更加注重体验与感受。我们目前正处于品牌营销时代，正在向体验营销时代过渡。在此前提下，仅仅凭借商品的推陈出新远远不能满足人们的消费需求，需要创新营销模式和商业模式，才能适应新的时代。

我们所熟知的特斯拉、苹果、小米、三只松鼠、滴滴等无一不是商业模式和营销模式创新的代表，它们在做好产品的同时也给客户提供了更好的体验，运用新的信息技术满足了新的消费需求，打破了传统产品销售的局限性。商业模式创新需要对市场深入了解，也需要提升营销创新能力。只有拥有适应时代的营销模式和商业模式，才有可能让品牌立足新时代。

10

解锁品牌持续
爆红的密码

品牌爆红的前提：打造品牌势能

在受众、媒介和渠道都已发生改变的新营销时代，打造品牌势能，已成为企业营销的一把利剑。而打造品牌势能的核心，是走营销创新之路。

品牌势能可以从品牌获得的口碑和讨论度中得到客观反映（可以在百度指数、微博指数、微信指数等互联网大数据分析中看到结果），品牌势能也代表了一个品牌受客户青睐的程度。笔者在 3 年时间里跟踪研究了 100 多个新消费品牌，总结得出移动互联网时代的品牌势能衰减和增长定律，企业应根据此定律来制定营销战略。作为新生品牌，首先需要把握 6 个月的黄金营销窗口期，通过营销创新实现局部口碑爆红，这一阶段品牌势能应处于急速上升中；其次是 18 个月的持续创新营销突破期，在这一阶段品牌应努力实现在全网全行业的大面积爆红，使品牌势能达到最高点；第三阶段是 36 个月的品牌营销稳固期，在这一阶段品牌应实现对目标消费人群及其品类认知的完全占领，品牌势能应趋于平稳（见图16）。

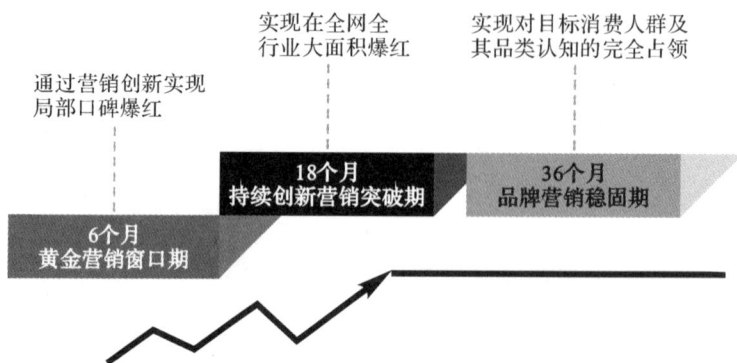

图16 品牌势能定律

如果品牌在新生的6个月内没有进行必要的营销活动，那么将会变成一个可能仅仅局限于朋友圈的小众品牌，品牌势能开始消失；若在18个月内没有进行必要的营销活动，品牌会变成一个对大众来说完全陌生的品牌，品牌势能急速下降；若在36个月内没有进行必要的营销活动，品牌势能将趋于0，品牌也会彻底沦为僵尸品牌。

说完品牌势能定律，那么，品牌势能到底是什么？对品牌而言它的意义何在？如何培养品牌势能？势能又叫作位能，是状态量，一般落差越大，势能也就越大。品牌势能是品牌价值和用户感知之间存在的一种相对关系和能量，即相对价值高度。足够充足的品牌势能可以实现蓄力起爆，让品牌在解决用户痛点的同时占领用户的心智，调动用户的情绪，保持持续爆红之势。因此，做品牌营销要打造势能，顺"势"而为。

打造势能，首先得界定源点人群。

　　源点人群不是泛泛的消费者,而是品类消费的高势能人群。他们可能是某一品类的专家或者重度消费人群,也是人们通常所说的意见领袖(KOL)。一旦这些高势能人群认可和消费某个新品牌,将对其他消费群体产生示范作用。小红书走的就是这条路,喜茶走的也是这条路。喜茶的重度消费人群是以"90后"为主的年轻消费者。这部分消费者注重消费感觉,看中体验和消费的格调。喜茶虽被看作一款"灵感之作",却非常了解自己的源点人群,用颜值、格调和差异化打造出了一场品牌的超级爆红。从产品的包装到精美、文艺风的店面装修,以及对"排队营销"的运用,喜茶让购买者有强烈的拍照发朋友圈的欲望,很容易引发消费人群的关注。对源点人群的培养,让喜茶积蓄了品牌势能,也有了一夜爆红的资本。

　　除了源点人群,还要界定源点市场。

　　所谓源点市场,就是那些新产品、新品类较容易立足,同时又便于其未来发展的市场。许多具有影响力的大品牌一开始都是从单一市场,即源点市场起步的。比如Facebook一开始是从哈佛大学的本科生群体里发展起来,接着进入常春藤名校,也就是说,校园是它的源点市场。相似的还有从北大校园走出来的ofo小黄车等。

　　那么,怎样界定源点市场,源点市场的特征又是什么呢?一般来说,源点市场具有典型性和代表性两个特征。源点市场的消费人群消费理念成熟,消费能力强,可以产生辐射效应。就像Facebook立足名校辐射全国大学,进而迈向校外。高校学子的消费时间多,接受新事物能力强,传播能力强,这些都是Facebook将学校作为源点市场的重要原因。脑白金的案例也很典型。让史玉柱打下翻身之仗的脑白金，实际上并不是一炮打响的，初期在许多市场都折戟沉沙，最后，脑白金将无锡定位为"决战"之地，从而奠定了占领全国市场的基础。究其原因，是无锡经济发达，当地人的购买能力强、保健意识超前。可见，要培养品牌势能，走上爆红之路，一定要先界定好源点市场。

在新产品或新品类推出的初期，渠道聚焦非常重要。

对资金实力不强的企业来说，集中火力实现在渠道、市场上的突破尤为重要。在一个渠道实现突破进而引爆全国市场的品牌案例有很多，比如：滴滴打车软件从北京的出租车市场起步，然后走向全国；王老吉从两广地区的火锅店、烧烤店、川菜湘菜馆起步；等等。

除了以上基础要素外，要培养品牌势能、打造爆品，还有许多可借鉴的打法。

第一，培养产品的"价值锚"，也就是可以实现口碑裂变的产品价值点。

以喜茶为例。人们谈及喜茶的时候，会不约而同地想到它良好的原料、出色的口感、超高的颜值。此外，喜茶也一直在很努力地打造自己的文化特色，使店面功能文化向星巴克看齐，把饮品店打造成集休闲、交流于一体的多功能场所。而这也成为它的核心价值之一。

第二，增加产品的仪式感。

谈到喜茶，人们会想到长到离谱的队伍。不管是顾客自发排起的超级长队，还是传闻中的"营销式排队"——喜茶已经把"排队"做成了一种文化，这是其他饮品品牌难以比拟的，有些类似于小米兴起时采取的"饥饿营销"。

排队因此代表了一种对美食的坚守之心,一种享受美食的仪式感由此生发。类似的案例还有很多。比如深圳的一家饭店就将产品的仪式感做到了极致。饭店推出一道新菜时会在菜上盖一张红纸,消费者吃这道菜之前需先"剪彩"。通过一张简单的红纸,整个消费过程增添了浓烈的仪式感。正是通过这种巧妙的方式,这家饭店的营业额提高了 30％。小米也是一样,"永远相信美好的事情即将发生"的宣传语,不逊于苹果的精美包装,都是它提升仪式感的方式。

第三,善于分享。

分享式营销让购买者成为受益者、传播者,可以让品牌知名度大幅提升,也能使品牌在社群裂变中获得更大势能,吸引更多高黏性用户。比如抖音上很火热的"海底捞神秘吃法"。通过在抖音上的内容分享,海底捞成功吸引了一波用户,万千"抖友"慕名而至。这是不是海底捞自己策划的一次精彩营销不得而知,但海底捞的口碑分享的确做得十分出色。海底捞善于通过极致的服务体验和特色产品引领消费者自觉地分享、传播。与海底捞有关的积极话题常年不断,品牌一红多年,离不开这一打法的助力。

第四,打造 IP。

如今几乎算得上是"得 IP 者得天下"的时代。IP 让品牌更有主题性,更有形象感,更具独特性,可以增强消费者对品牌的认知度、信任感,增进品牌与消费者的互动。

罗辑思维是玩转 IP 的高手。罗辑思维运营的社群推出的产品(如月饼)都会标记上罗辑思维的 IP。这让产品有了一种文化和精神内容的依托,喜欢罗振宇的用户很可能仅仅为了 IP 就购买产品，而并不计较产品的口感、形态、保质期等。

新品牌短时间内能否打造自己的 IP？答案是能。比如，目前国内品牌都会设计自己的 IP 形象，通过社会营销等制造热点话题。江小白当年的崛起与形象 IP 的打造也有很大关系。江小白在打造 IP 的过程中重视打造"网红"形象，开创品牌人格化表达，强调粉丝社群情绪共振，实现自媒体传播和口碑分享裂变，面对不同人群和市场形成了广泛传播，实现了对用户心智的全面占领。什么是好的 IP？在受众心中产生情感共鸣并使用户乐于分享这种共鸣，才是一个好的 IP！

对新消费品牌来说，势能这种资产与所有传统资产都不同。它越用越有价值，好比一个大浪涌起，会形成一个更大的浪。创新营销就是要讲出超越产品物质层面的情感故事，放大品牌的精神主张和调性诉求，以独一无二的品牌价值与消费者建立更多元、更有层次的感知连接。如此，品牌势能的培养才会更加顺利，品牌爆红的周期也将变得更长。

品牌爆红的关键：企业家的野心和格局

在谈论某品牌爆红的原因时，许多人喜欢从时代背景、风口、消费者、资本等角度去分析，隐藏于背后的企业家却常常被忽视了。实际上，品牌的爆红有许多原因，而企业家的素养是非常关键的一环。

品牌爆红首先来源于不安于默默无闻的决心，这一决心是由企业家的野心赋予的。什么是野心？简单来说是宏大的目标和行动力，二者缺一不可。曾经有一位仅仅 24 岁的大学毕业生告诉别人："我将来要成为通用的总裁。"30 年后，野心成真，他果然出任通用汽车董事长。他的名字叫作罗杰·史密斯。

已成为零食界"巨无霸"的三只松鼠之所以能持续爆红，很大程度上来自其创始人兼 CEO 章燎原的野心。彼时，峰瑞资本创始人李丰问章燎原需要投资多少，和大多数创业者小心翼翼的姿态不同，章燎原直接说出了 1 个亿的数字，而李丰不仅答应，还多给了 2 个亿。有趣的是，在李丰投资的 3 年前——三只松鼠刚成立的 2012 年，章燎原就曾对李丰说过，三只松鼠可以做到 100 亿。在创业之初就有决心将一个新品牌做到百亿规模的企业家，在全球范围内恐怕也不会太多。

谁也不会认为章燎原的野心是一厢情愿的"狂人想法"，他的野心、决心，是三只松鼠爆红的那根必不可少的"导火索"。许多人都知道，三只松鼠的客服都称客户为主人，语气和服务态度都很萌，而且三只松鼠所有客服的昵称都以"鼠"字开头。独特的服务和品牌文化让顾客很快记住了三只松鼠，三只松鼠因此从无数淘宝坚果店铺中脱颖而出。再加上无与伦比的服务细节(如包装盒内附带食用后擦手的湿巾等)大大超出顾客的心理预期，品牌的爆红就这样自然而然地发生了。

章燎原的野心绝不仅是做中国最好的坚果，他还要做"全球零食"，要把IP价值最大化，打造动漫形象，如三只松鼠的绘本、儿童图书、动画片、动漫电影等。相信三只松鼠的爆红还会持续下去。

品牌爆红其次来源于企业家的格局，格局决定了视野，而视野是品牌爆红必不可少的条件。视野狭窄，决策肯定会存在短视的问题；相反，视野宽阔，决策则会远大而周全。很多人都知道大疆无人机是中国无人机行业的龙头老大，可很多人不知道，它还是全球民用无人机"一哥"，占据全球市场高达66％的份额。① 大疆创始人汪滔曾说过一句听起来狂气十足的话，"世上没有一个人让我真正佩服"②，如今看来，他的确有底气。

汪滔从大学开始创业，当许多人都认为无人机只是一个略微高端的"玩具"时，他就敏锐地意识到，无人机商业化的前景非常广阔。了解到国内无人机市场尚不成熟，他一开始就瞄准了国外业余爱好者，并前往美国一些小

---

① 《老外疯狂打 call！大疆无人机全球市场份额约 66％》，驱动中国，http://uav.huanqiu.com/hyg/2017-10/11332094.html，2017 年 10 月 19 日。

② 《大疆创始人汪滔：我欣赏乔布斯，但世上没有一个人让我真正佩服》，凤凰科技编译，原载《福布斯》，虎嗅网，https://www.huxiu.com/article/115276/1.html，2015 年 5 月 16 日。

型贸易展进行推销。在逐渐提升品牌知名度的同时,他也在不断根据用户反馈改进产品,并积极接触国外的潜在合作者……尽管大疆的成功不能单纯从企业家这一环来论断,可创始人汪滔的宏大格局,却是大疆实现爆红并一步步成为全球民用无人机"一哥"的关键因素。汪滔的办公室门上写着两行字:"只带脑子"(Those with brains only)和"不带情绪"(Do not bring in emotions)。他曾经对一位记者说:"我很欣赏史蒂夫·乔布斯的一些想法,但世上没有一个人是让我真正佩服的。你所要做的就是比别人更聪明——这就需要你与大众保持距离。如果你能创造出这种距离,意味着你就成功了。"话中可见他作为企业家拥有的宏大格局。

类似案例并不少见,比如东北"饺子王"喜家德。喜家德创始人高德福在创立品牌之时,就坚定了"让饺子成为中国的一张名片走向世界"的目标。高德福深知,在快餐食品行业,人才的作用、激励的作用有多大。他打造出业内啧啧称奇的"358 合伙人机制"——对于工作中有突出表现的员工给予3％的干股奖励,5％和8％的入股资格,以此培养出了一大批优秀的区域经理。[①] 人才,不仅给了喜家德长足发展的核心资本,也成为它品牌营销的一部分。而喜家德的爆红营销也很有特点,它紧紧围绕"现包现煮"这一特色做文章,只做有限的饺子馅品类;高德福还独创"长条水饺",方便顾客夹取和食用,也更能体现喜家德现包现煮和真材实料的特点。高德福曾经说:

---

① 《从赔本 5 年到品类老大,喜家德高德福:人才是一切的根本》,红餐访谈组,http://www.canyin88.com/gaoduanfangtan/2017/0317/47411.html,2017 年 4 月 14 日。

"企业发展是有阶段的，会逐步经历'选择、生存、取舍、组织和战略'。不论是放弃外卖业务，还是只做 5 款饺子，背后是种取舍。"①喜家德创始人的视野格局，也正是该品牌走得更远的核心驱动力。

企业家的格局还决定了他敢于在营销创新上投入。小米的爆红营销神话人尽皆知，许多人简单地将小米的成功归结于所谓的低价低毛利和"饥饿营销"，却很少有人看到创始人雷军的格局和在营销上的投入。

小米的产品布局严谨而强大：以手机/硬件作为骨骼，软件作为血管——用来与用户建立价值连接，而营销成为品牌和用户之间的黏合剂。雷军一开始就未将国内手机品牌看作竞争对手，而是直接对标全球行业老大苹果。而在强敌环伺，自己又仅仅是一家不起眼的新品牌时，如何开拓自己的爆红之路呢？除了独树一帜的商业模式，爆红营销投入是另一大关键。从小米发布的招股说明书中可以看到，2017 年小米公司的研发费用占比 2.7%，而营销费用却占比 4.6%。小米一"出道"就赶上了微博"大爆炸"的黄金时期，小米的社群营销、粉丝运营也借助微博这个大平台火热开展；之后又通过各大主流社交网站上意见领袖的摇旗呐喊，迅速拉升口碑；再利用新媒体和自媒体进行营销，将口碑营销玩得风生水起。

为维持品牌的爆红，小米在营销方面下了"血本"。据说，小米作为《奇

---

① 《喜茶、乐凯撒、喜家德……8 位品牌掌舵人这一年的思考，都在这！》，希凌，"掌柜攻略"公众号，https://www.36kr.com/p/5081116，2017 年 6 月 26 日。

蔇说》第四季的冠名赞助商砸了破亿的赞助费。① 雷军巨资"买票"上节目，何炅在节目里亲切戏称雷军为"干爹"，一下子引爆了社交话题，登上热搜榜。

据雷军本人说，小米 MIUI 发布第一个版本时只有 100 个用户。但小米仍一爆而红，并在"红得发紫"的路上狂飙突进，虽有短暂低潮，可很快实现漂亮逆转，在成功上市之后，前景更是被无限看好。企业家在其中的作用不言而喻。

无数案例说明，新消费品牌的创始人要敢于向巨头挑战，就像刚成立时的小米敢于向苹果挑战，拼多多敢于向天猫挑战，大疆无人机敢于向 GoPro 挑战……

不少传统品牌将战略重心放在维持原有的市场优势上，放在价格和利润的平衡上，放在广告和渠道垄断上，却失去了创新的活力，失去了进一步做大的野心和格局。它们对消费者的理解还停留在过去，而一旦消费者渐行渐远，品牌从高空坠落也就不足为奇。

如今，细分品类在崛起，小众需求在增长。信息时代下，过去可望而不可即的事物已变得触手可及，新需求不断产生，小众化精品能够依托社群粉丝的参与和电商平台的长尾市场生存。借助于移动互联网，小众品牌可以发出自己的声音，也可以迅速冲破孤岛，把散布在全世界的用户汇聚起来。在消费者的眼界被打开、消费认知发生巨大变化后，小众品牌会迅速崛起。而在小船变成巨舰并驶向广阔大海的途中，企业家是背后那个最关键的掌舵人。

---

① 《1.4 亿元广告赞助录制〈奇葩说〉　雷军这钱花得值不值?》，娱眼科技，钛媒体，http://www.tmtpost.com/2610919.html，2017 年 5 月 21 日。

品牌持续爆红的关键：打造职业化团队

一个品牌从引发关注到持续爆红，除了其自身的优势和特色之外，团队支撑与运作尤为关键。当代商业体系专业化、流程化、板块化趋势甚为明显，只有全力建设、完善并升级包括营销团队、管理团队、研发团队等在内的全体系职业化团队，才能保证品牌持续稳定地占据市场高地。

职业化团队品牌运作

可以说，品牌团队的每一个组成部分乃至每一位成员都非常重要。任何一家成功的公司都应该能非常高效地完成从产品设计到市场投放的全部流程，并能周而复始地运作平稳。值得一提的是，由于市场形势与消费需求的不确定性，一个成功的品牌职业团队更需要有较强的自我提升能力与市场前瞻能力，如此才能保证一个品牌在环境变化中始终保持足够的活力和竞争力。

由褚时健打造的"网红"爆款品牌——褚橙曾经一度成为市场"巨无霸"。然而，这个恪守家族式管理却忽视职业化团队打造的实力品牌，在风光一时后迅速陨落，让许多人唏嘘不已。

2018年1月，褚时健在他的90岁生日到来之际出任云南褚氏果业股份有限公司董事长，同时敲定儿子褚一斌为接班人。至此，外界传言中的褚家接班人之争似乎终于可以告一段落。然而在漫长的内耗中,褚橙错过了发展壮大的黄金期,这不得不说是一种遗憾。

事实上,很多人聚焦褚橙内部权力争斗,却没有看到其品牌发展的一个重要缺陷和短板:对职业化团队的打造不足。由于褚橙在初期积累了足够的人气与曝光度,订单激增、效益飙升,在产业规模、市场布局方面投入巨大,却没有沉下心来好好完善自己的团队体系。在此前提下,褚橙的品质问题与用户体验问题不断暴露,使品牌处于信任危机之中。

一方面,由于缺乏对职业化团队的打造,生产和检验环节上的疏漏导致一段时期内褚橙的口感和味道不佳。媒体深入了解后发现,连续降雨后果园土地泥泞,作业非常困难,农户干着急,褚橙却没有给予有效的指导和帮助,"最后果子糖分比往年低了 1% 左右,酸度高了 0.1%,固形物比往年少了 1%～2%,一部分果子皮色、口感都不如往年,而且容易腐烂,不好保管"①。

另一方面,褚橙主打的线上渠道也因为家族式管理出现了重大问题。在处理坏果的问题上,与其合作的几个电商渠道,包括云南恒冠泰达农业发展有限公司运营的淘宝喵鲜生"褚氏新选水果旗舰店",以及云南实建电子商务有限公司运营的天猫褚橙水果旗舰店、淘宝"实建水果专营店"、淘宝"实果纪"店等,先后出现大量用户差评,集中体现在包装差、劣质水果多等

---

① 《褚时健就褚橙品质下滑向消费者道歉:去年对不住,今年我改进》,张臻,云南网,http://sj.yunnan.cn/picture-society-2016-01-15-4120630.html,2016 年 1 月 15 日。

方面。而褚橙线上销售端的负责人正是褚时健的儿子褚一斌和外孙女婿李亚鑫。①

当然，并非家族式管理本身有问题。国内外秉持家族式管理的成功典范有很多。从褚橙业绩下滑、口碑衰落的情况可以看出，缺乏职业化团队的运作，才是问题的关键所在。在生产端，没有质量过硬的产品保障；在服务端，无法提供符合市场行情和消费者需求的服务流程；在品牌宣传和危机公关上，总是落后一步、后知后觉。可以说，因为缺乏职业化团队，褚橙这一曾经的"网红"爆款在过度消费口碑与市场之后，不断暴露出自身的短板，遭受打击与失败在所难免。

人才战略、以人为本的理念早已被提出。缺少资金和技术，一家企业的盈利和发展或许会变得很缓慢；但缺少人才，往往会使企业在市场竞争中不堪一击。团队，作为人才聚集的平台，对于一个企业而言是最宝贵的财富。很多企业的生命周期很短，其根本原因在于没有打造"百年老店"的心态，小富即安、得过且过的心态泛滥。很多企业更愿意将资金与资源投入在效果似乎立竿见影的重资产布局、广告宣传之中，而忽视了对职业化团队的打造。

在职业化团队打造这一领域，中国企业要学习的还有很多。不仅仅是褚橙，也不仅仅是处于行业龙头地位的大型企业，对于广大中小型企业和创

---

① 《褚时健就褚橙品质下滑向消费者道歉：去年对不住，今年我改进》，张臻，云南网，http://sj.yunnan.cn/picture-society-2016-01-15-4120630.html，2016 年 1 月 15 日。

新型企业而言,打造职业化团队亦是未来生存发展的必由之路。这条路,任重而道远。

职业化团队让品牌爆红的生命周期得到保障

从近年来无数商业竞争的案例中不难看出,一个称得上优秀和成功的品牌职业化团队,不仅仅体现在产品研发、生产、管理、推广各个环节上的各司其职,还体现在团队整体的协作配合上。和前文提到的褚橙相比,名噪一时的"网红"爆款品牌江小白没有自带话题流量的形象标签,在初始资本与品牌底蕴方面更是无法与褚橙相提并论。然而,在褚橙风光不再之时,江小白却依靠职业化团队运作发展平稳。

由于历史悠久、品牌众多,白酒市场的竞争一直十分惨烈,想要占得一席之地十分不易。特别是在行业头部企业早已占得先机的情况下,后来者想要分一杯羹,是一件几乎不可能的事情。由年轻人组成的江小白品牌团队,其品牌定位于年轻消费群体。或许这就是江小白的天然优势所在。从前期的市场调研开始,江小白团队就瞄准了年轻消费群体,将不同的个性化需求整合成市场大数据,为后续产品的研发和品牌推广奠定了基础。

可以说,江小白的爆红与其职业化团队在市场推广中的作用息息相关。打造一个品牌首先要确定的是已有品类中有没有发展的空间。江小白发现清香型高粱酒市场上品牌众多,并且都发展得很好,而小曲清香型存在那么多年,却因为原材料、供应链等问题没有真正做深做透,如果深耕于此，会有很大的机会。小曲清香纯正天然，加上手工精酿，特别适合年轻消费者，通过一定比例的调配就可以满足个性化的需求。而后续的研发改进、生产配套和市场推广，一切也都围绕着年轻消费群体的需求逐步推进。

许多人对江小白的精品文案和跨界营销津津乐道。这正是当下一个职业化团队应有的素养和功底。被奉为业界经典的江小白文案金句不断，时常能够用情怀打动人，令很多一线广告公司汗颜。据了解，江小白公司的文案、设计师和相关编辑人员加起来有100多人，正是群体"头脑风暴"，才催生出一个又一个创意结晶。

根植于年轻消费群体的江小白用年轻人喜闻乐见的营销方式，让年轻人成为江小白的拥趸者。江小白绝不仅仅是靠文案成就品牌辉煌的，在职业化团队的打造上，江小白团队始终围绕品牌核心进行深入布局，特别是对产品、渠道、价格、推广等各个环节进行升级完善，这也直接体现在其品牌业绩与口碑的飙升之中。从品牌核心文化来看，江小白的职业化团队就是一支年轻化、尊重个性、看重情怀、极具原创精神的创新团队，他们以青春创意吸引消费者，以品质口感留住消费者，使江小白形成了独一无二的青春型高粱酒风格。

如今，许多企业都跟风玩起"团队哲学"，不过更多的只是掌握了"心灵鸡汤"式的皮毛。要想打造一支合格的职业化团队，从专业技能、团队形象、职业态度、执行能力到创新精神，都必须做到专业化和体系化。一支优秀的职业化团队必然在团队意识和大局意识上有过人之处。只有当团队每个成员都做得够专业、够投入，一支团队才会以企业战略目标为导向互相协作、共同努力，在此基础上，团队的目标、计划、分工、权限都会得到很好的协调。当大家都朝同一个目标迈进时，便形成了利益共同体，推诿、扯皮、拆台的现象就不会发生。职业化团队要求每一个成员不断挑战自我、超越自我，也通过良好的团队氛围影响后来者。这亦是品牌文化中最值得关注的地方。

11

7P 创新营销：
打造爆红品牌

POSITION:爆红定位

品牌经营是一个需要从战略层面高瞻远瞩、深谋远虑的过程。特别是在当今全球化竞争的环境中，只有品牌的长期规划迎合目标消费群体，才能确保企业的长期发展。要如何经营品牌与对手竞争？要拓展哪一领域的市场？如何凸显自身的品牌优势和产品优势？如何持续地维护老用户、吸引新用户？这些问题都需要决策者做好专业精准的规划。毫无疑问，定位就是品牌营销战略的第一步，是品牌营销的第一牵引力。没有定位，营销就会"迷路"，效果将大打折扣。

确立品牌营销战略方向

定位理论兴起于 20 世纪 70 年代。当时美国《广告时代》杂志邀请了年轻的营销专家艾·里斯和杰克·特劳特撰写了一系列有关营销和广告新思维的文章，总标题就是"定位时代"。系列文章发表后，引起了全行业的轰动。定位成为营销界人人谈论的热门话题，由此开创了营销理论全面创新的时代。不得不说，作为一套高屋建瓴的营销学理论，定位理论在全球范围内通过了一系列经典品牌案例的验证，21世纪初进入中国市场后迅速成为众多企业品牌营销的纲领性指导。

当然，鉴于国情和市场环境的独特性，中国也对定位理论做了更为接地气的延伸和拓展。在此过程中，越来越多的企业开始对定位理论进行创新升级，也不断取得了阶段性成果。但定位理论一旦运用不当，不仅无法实现品牌的跨越式升级，甚至会带来难以阻挡的负面效应。例如曾经一度在市场上风生水起的和其正凉茶。

众所周知，在国产凉茶领域，王老吉和加多宝一直是行业头部企业。而达利园旗下的和其正凉茶作为后起之秀，无论是在品牌影响力还是规模上都无法与这两大巨头相提并论。按理说，和其正应当避开锋芒，另辟蹊径，找出自身特有的品牌定位标签，在差异化竞争中占得一席之地。然而，盲目跟风、缺乏创意的营销战略使其彻底失去了市场竞争力。

其实，和其正在开拓市场的过程中，曾经三次选择对行业龙头加多宝发起"进攻"，却始终没有表现出独树一帜的品牌竞争力。特别是在品牌营销定位的细节上，和其正选择的定位是"清火气"，广告语用的是"清火气，养元气，做人要大气"。很显然，这与"怕上火，喝王老吉（加多宝）"十分相似，虽然选择了国内实力派演员陈道明做代言，却无法从根本上让消费者"更换阵营"。而在意识到定位战略失策后，和其正确实进行了转变，却再次落下了败笔。和其正在定位为低糖凉茶后,打出了"低糖凉茶和其正,口感更好更健康"的口号,然而这与市场偏好和消费群体产生了重大的偏差。虽然近几年无糖健康风潮兴盛,但是中国消费者大多还是喜欢甜味饮料。从 CNN 发表的题为"中国人不能没有的 18 种饮品"中看,位列前几的都是甜味饮料。[①] 以这样一个明显"曲高和寡"的定位作为营销战略和发展方向,不仅使和其正再次浪费了大量资源,还换来了市场业绩不断下滑的结局。

其实,差异化竞争并非一定要绞尽脑汁、标新立异地进行创新。以和其正的案例来说,虽然每个饮料品类都聚焦于一个特性,但是同一品类里的不同品牌可以通过差异化特征实现各自的定位。和其正的正确战略应是找出传统凉茶中的弱势,比如含有夏枯草这一寒性中草药,推出不含夏枯草的新式凉茶,打出"新一代凉茶配方,更多人爱喝"的广告。但是很可惜,和其正作为后来者,一味地走模仿路线,唯一的创新就是换了塑料包装,但是这显然不足以构成对王老吉和加多宝的威胁。

无论是过去、现在还是未来,定位对于品牌营销来说都有方向性的意义。只有确立品牌的差异化特征,做好定位和发展规划,才能在后续的经营布局中精准对接目标消费人群。定位是确立品牌营销战略的前提。

---

① 《CNN 认为中国人不能缺少的 18 种饮品竟是这些》,新华网,http://www.xinhuanet.com/world/2017-08/04/c_129672763.htm,2017 年 8 月 4 日。

品牌营销要精准链接消费者

从市场运作来看，定位不仅是大多数企业经营的指导方针，也是一套行之有效的营销策略。对于企业决策者来说，需要定位的可以是一个品牌，也可以是一款商品、一项服务、一种模式等。定位不是经营者对自身品牌的盲目规划，而是基于市场竞争对手与目标消费群体的深度研究。这也意味着，企业决策者在做好营销规划的同时，要对潜在顾客的认知和心智进行全方位扫描，其目的就是通过定位，让品牌在潜在顾客的大脑中占据一个合适的位置，进而取得他们的信任和支持。

功能饮料市场向来是众多品牌角逐的焦点。作为国产饮料品牌巨头，娃哈哈于 2012 年 3 月重磅推出了一款牛磺酸功能饮料——启力。这款含有牛磺酸、左旋肉碱、D-氨基葡萄糖盐酸盐、肌醇、B 族维生素群等七大营养群的功能饮料产品，宣称能够"缓解体力疲劳"和"增强免疫力"。然而，被娃哈哈寄予厚望的启力，市场效益远不及预期。尽管在产品定位上，娃哈哈早早就为其树立了与红牛争天下的基调；在营销投入上，娃哈哈甚至下血本将启力推送到《中国好声音》等当红综艺节目上进行广告宣传。尽管娃哈哈拥有强大的"联销体"经销网络，但是在运作启力这一款功能饮料时，娃哈哈在产品定位上显然没有创新之处，而是陷入与红牛等行业竞品的同质化竞争。通过深入剖析不难发现，启力在定位上值得商榷的地方有很多。比如，在广告宣传上，作为功能饮料的"新人"，启力采用的还是大流通、大广告的宣传模式，广告语也缺乏新意，"经常开车，常备启力"，"标本兼顾，正宗保健功能饮品","喝启力不伤身","七大营养出击","增强免疫力"等吆喝式的广告无法与消费者达成情感上的共鸣。

启力的目标消费群体相对狭窄,产品细分属性明显,终端价格较高,属于典型的产品价值优先的品类。这与其母公司的品牌理念格格不入,注定了启力无法沿用娃哈哈传统的营销策略去推广,也就最终导致了它不温不火的市场反应。面对始终占据强势地位的红牛,以及不断涌现的功能饮料新品,启力在市场上难以大展拳脚,成为娃哈哈品牌拓展多元化市场的一大失误。启力正确的营销战略应当是找出红牛饮料中的弱势,比如含有牛磺酸这一成分,推出一款不含牛磺酸的饮料,打出"非牛磺酸功能饮料更给力"的战斗口号,借力打力,实现差异化定位,进而攻取功能饮料市场的江山。

与达利园旗下的和其正凉茶、娃哈哈旗下的启力缺乏精准定位的营销方式相比,外资企业宝洁堪称营销界的大师,深谙定位之道。1992 年就进入中国市场的舒肤佳,在香皂领域实现了"大卫挑战歌利亚"的品牌神话。彼时,早在 1986 年就进入中国市场的力士已经牢牢占据中国香皂市场,作为后起之秀的舒肤佳仅仅通过几年时间,就硬生生地把力士从中国香皂市场霸主的宝座上拉了下来。论其根本,舒肤佳在产品定位上打出了极其漂亮的一张王牌,将全部力量聚焦在一个新颖而明确的概念——"除菌"之上。20 世纪 90 年代是中国改革开放的黄金时期,全民生活水平的提高也让越来越多的人开始注重生活品质的提升。舒肤佳很早就在消费者心目中埋下了种子,从一开始就灌输给消费者洗手要把看不见的细菌洗掉才算洗干净这一理念,并就此开展了持续不断的"教育工作"。这样的产品定位,一下子就与大众的心理需求相契合。在此基础上，舒肤佳确立了"除菌"这一定位，而后针对"除菌"这一核心价值点进行品牌宣传，通过对能接触到细菌的多方位场景的展示进行广告片拍摄，体现舒肤佳在"除菌"上的强大效果。除此之外，利用"中华医学会验证"这一权威证明来为产品背书。可以说，舒肤佳在产品定位上做到了专业而精准，用小投入开启了品牌的市场繁荣。

中国古语有言：工欲善其事，必先利其器。就某种程度而言，品牌定位就是一种无形的工具，可以让企业经营者在投入资金成本之前，就画好发展的蓝图和路线。离开了品牌定位，企业就只能做跟风的小本经营，永远也无法突破发展瓶颈；而拥有了专业精准、创新高效的定位规划，企业就能在激烈的市场竞争中占得先机，凭借对市场和消费群体的精准把握实现腾飞。

PRESIDENT：企业家代言

随着自媒体时代的到来，"人人都可以成为明星"成为一种新的认知，普通人也能通过社交平台走进大众的视野。很多品牌创始人和 CEO 也没有忽视这个机会，纷纷摒弃了传统的明星代言方式，转而通过自身代言打造品牌形象。企业家代言不仅给消费者留下深刻印象，而且为消费者传递了创始品牌的理念，使品牌形象更加丰富立体。

从后台走到前台的"创始人明星"

不得不承认，明星代言的确可以利用明星效应提升品牌的知名度。很多消费者同时也是"粉丝"，在购买某一品类产品的时候会优先考虑自己喜欢的明星所代言的品牌。但是，在明星代言的背后，却是高昂的代言费用。而且如果明星发生了丑闻，其代言的品牌形象也会受损。随着经济的发展，"重文轻商"的社会风气已经有所改变，企业家有了一定的社会地位，也越来越被大众所崇拜。这样一来，企业家自然也就成为品牌的理想代言人。

创立于 2014 年的小仙炖仅凭两年时间就拿下了鲜炖燕窝行业销量第一的成绩。该品牌创始人林小仙出身于中医世家，一直推崇健康养生，以自己的名字创立了燕窝品牌。林小仙气质优雅，举手投足间悠然温柔，姣好的面容与苗条的身材成为最好的招牌。先天的优势使林小仙在创立品牌后就一直活跃在大众视野中，其创业故事更是激励了众多独立女性。她将自己的品牌理念通过创业故事传递给广大消费者，让消费者对品牌的品质有了信赖感。正是通过这种创始人从后台走到前台的营销，小仙炖在短时间内一举夺得天猫、京东的鲜炖燕窝销量冠军及小红书、云集的燕窝销量冠军。①

企业家本身就是一个品牌的灵魂

在企业家代言的过程中，企业家与品牌的联系更加紧密，使人们看到企业家就能联想到该品牌，提升了品牌影响力。例如我们一提到马云，立刻就能想到阿里巴巴；提到马化腾，立刻就能想到腾讯；等等。企业家已经成为品牌的名片，企业家活跃在社交媒体上，能够起到正面的广告效应；而且这种广告覆盖面更广，受众更具体。

提起苹果，我们每个人大概立刻就能想到乔布斯，反之提起乔布斯，我们也立刻就能想到苹果。乔布斯是苹果的创始人，也是苹果最好的标签。乔布斯不仅创立了苹果，也推动了苹果品牌的发展。每次发布会，都是乔布斯的一次营销。他会提前设计自己的每个动作、停顿、走位等，不仅是为了让消费者了解产品，更重要的是让消费者对品牌有深刻的印象。虽然乔布斯已经去世，但人们仍然会觉得乔布斯时代是苹果最令人印象深刻的时代。

---

① 《创立 4 年，小仙炖荣登天猫"双 11"滋补行业 top 3》，http://www.ah.chinanews.com/news/2018/1116/163013.shtml，2018 年 11 月 16 日。

企业家成为"网红"中的"网红"

目前，全球有超过 20 亿社交网络用户，人们每天花在社交网络上的时间平均为 2 个小时。打造"网红"企业家就是让企业家成为企业对外传播最可靠和最有效的媒介，在企业遭遇危机时激浊扬清，重塑社会、资本、顾客对企业的信心。很多企业家一贯行为低调，但近年来也越来越频繁地参与公共活动，目的就是走入公众视野，成为对品牌有正面影响的公众人物。

与低调的企业家被迫成为"网红"不同，也有很多企业家从一开始就活跃在社交网络中。特斯拉的创始人埃隆·马斯克就是主动求名的企业家。他通过玩转互联网、清洁能源和太空探索三大发展方向，成为继乔布斯之后最负盛名的"网红"企业家。马斯克知道大众喜欢什么样的故事，知道人们不仅想了解过去，更希望窥视未来，马斯克为人们带来了一种未来的可能性。他通过一个个创意，塑造了一个行为艺术家型的企业家，令无数网民膜拜。其创立的电动汽车品牌特斯拉也由此水涨船高，一度被誉为颠覆汽车行业之作，无数网民竞相追捧，自发地为特斯拉做宣传。

企业家参与互动增进了品牌与消费者的情感连接

如今消费者已经不单纯是受众，人人都可以通过互联网发声。好的营销方法是将消费者当作一个个鲜活的、有情感的人，而不是冰冷的数字。企业家代言正可以促进品牌与消费者的互动，使品牌形象不再高高在上，而是真正走入人心。只有企业家对每一个客户用心、用情，客户才会成为品牌的忠实粉丝，而这是单向的传统广告无法做到的。人的情感只有通过交流和互动才能实现共振。

乡土乡亲的营销模式就是与粉丝做朋友。该品牌不仅命名非常接地气，其品牌创始人赵翼更是一个非常接地气的人。一个农特产品牌仅仅推行健康理念是远远不够的，赵翼将乡土乡亲打造成了一个有温度的品牌。赵翼在创新营销上可谓下了不少功夫，但是他最高明的地方还是在于他对企业家效应的利用。他不仅通过"天下网商"等新闻媒体的采访提升了知名度，参加《天天向上》等综艺节目，一下子拉近了自己与大众消费者之间的距离，还参与"农业F4"的演唱会，在中场时直接与消费者近距离互动。除此之外，赵翼还在社交媒体上与粉丝频繁互动，他风趣幽默，使消费者在对他本人的好感度提升的同时，也对乡土乡亲有了一定的好感。

企业家既已成为备受关注的公众人物，企业家代言就成了品牌营销的"重型武器"。将企业家打造成为品牌代言人，能够成功吸引公众的注意力。消费者在看到企业家的时候就会联想到品牌或产品，由此品牌的辨识度提高。现如今，很多企业内部都会专设打造企业家形象的部门，这也从侧面证明企业家代言的营销影响力。企业家的创业故事、经营之道、传奇人生颇受粉丝追捧，将这些自然地融入品牌形象传播中，对品牌塑造有着不可小觑的作用。

企业家的"个人品牌"往往与企业、品牌的成长有着天然的联系。品牌的成功往往就是企业家的成功，企业家的成功反过来又能帮助品牌扩大影响力。企业家的个人形象与品牌形象密不可分。可以说，企业家本身就是品牌的一个符号或印记。企业家代言自然也就成为品牌营销中极具说服力的一种方式。从松下幸之助到盛田昭夫，从丰田喜一郎到本田宗一郎，从亨利·福特到艾柯卡，创始人代言也是世界 500 强企业的主要营销手段。迈克尔·戴尔、杰克·韦尔奇、霍华德·舒尔茨、史蒂夫·乔布斯、埃隆·马斯克、扎克伯格、理查德·布兰森、孙正义等，以及国内的马云、史玉柱、雷军、董明珠，企业家代言已经成为一种风潮。他们宣传自己的理念，让全社会都能听到自己的声音，他们本身的曝光度也大大提高了品牌的影响力。不仅是老牌成功企业的领导者，越来越多新兴品牌的创始人也从幕后走到台前，亲自为公众展示品牌理念和价值。

PLAN：品牌 IP 塑造计划

在当今这个以差异化经营决定生死存亡的市场之中，如何做大做强品牌 IP 是每一个企业决策者都要关心的重点。尤其市场环境日新月异，即便是早已奠定行业地位的老字号、巨头品牌，也有必要重新审视品牌 IP 的塑造。因为产品老化和新消费阶层崛起决定了原有的品牌塑造体系可能已经不足以继续制胜市场，品牌必须随市场变化进行务实而精准的改变。

建立品牌标签，保持品牌 IP 的活力

如同性格是每个人的个性化标签，品牌除了独特的价值定位之外，也应具备一定的外观形象、气质及 IP 故事，以实现差异化的品牌塑造。在移动互联网的浪潮下，一个只明确了品牌定位和形象的企业，如果不能创新品牌内涵，缺乏品牌调性和 IP 故事，也是注定无法获得更多用户的情感认同的。

IP 并非商业领域的专属名词，对于大众而言，影视娱乐和文化领域的 IP 更为人熟知。譬如一部好莱坞大片，由 IP 产生的经济利润惊人，其后续的影视片、周边开发，乃至由此带来的话题流量，足以支撑起不同的产业链。伴随着移动互联网时代的到来，不管是从商业角度还是从资本角度来看，IP 都被赋予了独特的文化内涵，可以通过故事的形式对品牌进行全方位的演绎和传播。很多企业领导者认为品牌营销就是建立一个有格调的形象，有

一套视觉识别系统,要尽可能多地通过大量广告和店面招牌展示品牌 Logo。然而,用户已经对这种品牌 Logo 的大量曝光产生了厌倦甚至抵触的心理,大量的品牌 Logo 都是一种无意义的表达,不足以被用户感知和记忆,品牌没有和用户产生精神交流,也没有被赋予独特的内涵,因此,塑造品牌 IP 就成为当下品牌营销升级的主要方向。IP 的挖掘过程也是品牌被不断传播和塑造的过程,在多媒体极度发达的今天,有 IP 内容的传播和无故事内涵的泛泛传播所产生的品牌营销效果有着天壤之别。

随着消费的升级,市场已经完成了从"生产什么,消费者就用什么"到"消费者需要什么,就生产什么"的转变。现今,进口商品蜂拥而至,产品过剩、产品同质化等问题严重,品牌如何在这样一个极度竞争化的大环境中脱颖而出,是值得所有企业深思的问题。这就涉及如何塑造品牌 IP。

品牌 IP 塑造揭秘:品牌形象重塑、IP 内容故事化

纵观近年来的中国消费品市场,品牌 IP 塑造的成功案例可谓比比皆是。比如鸡尾酒品牌 RIO(锐澳)微醺系列产品的推出。近年来,随着白酒消费淡季的来临,许多行业主流品牌在市场竞争中逐渐疲软,生存不易,更难提发展,预调酒行业"老大"RIO 也不例外。而就在 2018 年年中,明显区别于过去磨砂瓶包装的 RIO 微醺系列横空出世,立刻引爆市场,受到消费者特别是年轻消费群体的喜爱。事实上,这正是 RIO 品牌 IP 塑造的创新之举。通过"一个人的小酒"这一新的品牌理念的 IP 化表达,RIO 瞄准的是频率更高的独饮场景,以产品创新来抓取、挖掘新的消费需求。RIO 微醺系列

塑造了"一个人的小酒"的独特调性，强调带给消费者放松感，用"找到自己的小确幸"等 IP 化表达征服年轻消费人群，成为年轻人独处时的陪伴者。而这一 IP 化表达正是出于品牌本身营销逻辑的换代升级：从单纯的产品营销到 IP 内容塑造，建立与用户的情感连接，引起年轻人对酒精类饮料的广泛兴趣。可以看出，RIO 充分抓住了消费升级的新趋势，将消费新主力人群——"80 后""90 后"作为品牌 IP 塑造的目标对象，由此带来的市场成功可谓水到渠成。

当然，品牌 IP 塑造绝非为了改变而改变，而是建立在对当前市场形势与消费需求的深入剖析和解读之上，以求抓住新的市场机遇与潜在消费者。

品牌 IP 塑造要做到务实与精准

企业要想生存和发展，其根本在于盈利。当 IP 成为摆设而无法变现、无法创造经济效益时，IP 再好也没用。在商业快速发展之下，如何将 IP 变现是企业应着重考虑的问题。企业只有不断投入人力、物力，进行新产品的研发创新，依靠差异化的营销策略，塑造 IP，才能在市场竞争中幸存下来。品牌只有进行消费洞察、掌握大数据流量、融合新零售消费场景、塑造高势能的 IP，同时构建全方位媒体矩阵，释放品牌内在的调性与气质，用人格化的表达来吸引用户，才能在消费升级的浪潮中持续爆红。

成功的 IP 有以下三个特点：一是自带流量，成功的 IP 往往天生自带流量，并且能使消费者产生情感共鸣；二是具有延展性，成功的 IP 总能直击人心，具有较强的穿透力，能够进行大范围的传播；三是符号化，IP 最有价值的地方就是可以进行符号化,通过符号化进而形成差异化特征。一个企业的品牌 IP 塑造决不能盲目跟风,而是应当结合自身与市场的实情做到务实与精准。特别是在快节奏、快餐化的消费潮流趋势下,塑造品牌 IP 更需要深思熟虑。

农夫山泉在国内饮用水市场上占有重要的位置。相比它在品牌宣传上的大投入,它对品牌 IP 的重塑似乎更惹人注意。2015 年,农夫山泉推出高端玻璃瓶装水,并成为 2016 年 G20 峰会的指定用水,借势强化对品牌 IP 的塑造,一时间刷爆朋友圈。之后,农夫山泉接连推出生肖瓶、网易云乐瓶、故宫瓶……农夫山泉让包装不再是一个乏味的塑料瓶子,而是可以有很多娱乐性和趣味性内容的载体,农夫山泉也由此成为名副其实的 IP 塑造高手。尤其是农夫山泉旗下的高端水系列,精美的瓶身设计和故事化的传播,令人印象深刻。从"接地气"的平价水陡然之间转变为高大上的高端水,这正是农夫山泉应对市场同质化竞争,进行品牌 IP 重塑的结果。

一直以来,VOSS、圣培露、普娜等这些早先打入中国市场的国外水品牌占据着国内高端饮用水的市场,而农夫山泉通过对品牌 IP 的重塑,必然将凭借其雄厚的资本实力在这一市场分得一杯羹。由此带来的巨大的市场前景,将为农夫山泉的发展开辟崭新的格局。

和农夫山泉这一行业巨头的转型不同,从一家名不见经传的小店起步,同样是依靠对品牌 IP 的成功塑造,连锁"网红"饮品店喜茶走出了同类品牌无法复制的成功之路。

喜茶的一款饮品"芝士莓莓"曾经疯狂刷爆朋友圈,喜茶也因此名声大噪，各地消费者慕名而至。为了买到喜茶的一杯饮料而长时间排队已然不是什么新鲜事。喜茶这一品牌似乎已经和"排队"密不可分。事实上，这样的品牌个性化标签正是来自于喜茶的精准布局。

中国是茶饮消费大国，而一直以来，各大茶饮品牌似乎难以持续抓住年轻消费者的心。喜茶从起步开始，就定位于做年轻化的茶饮，这一定位也直接影响着喜茶的市场推广。在店面设计上，喜茶整体的装修风格时尚、简单，把茶文化中的禅意、灵感元素融入年轻时尚的氛围中；与此同时，其饮品也比较贴合年轻人的喜好，比如"芝士莓莓""芝士芒芒"等，都受到年轻消费者的喜爱。此外，喜茶也很注重符合年轻人习惯的互动方式。从周边的帆布袋、雨伞、插画、卡片，再到公众号的图文编排，喜茶凭借用心的细节和年轻化的方式与消费者交流。没有距离感的品牌 IP 立刻让喜茶成为受年轻人推崇的"网红"品牌。

包括 RIO、农夫山泉、喜茶、三只松鼠等，近年来，越来越多的新老品牌开始高度重视对品牌 IP 的塑造。诚然，每一个品牌 IP 的成功塑造都有其独特性，但只要在自身与市场之间找到平衡点，在产品和消费者之间找到契合点，通过精准定位、务实推进，品牌 IP 塑造计划就能够圆满实现。

PRODUCTION：“网红”爆款打造

纵观当下的商品消费市场，有一股新生势力正在逐步成为搅动市场的强大力量。不同于传统品牌，它们在设计理念、推广宣传、经营运作等多方面都进行了创新，依托互联网平台和新兴渠道成为热点和爆点。这就是持续火热的“网红”爆款。“网红”爆款不仅仅是话题热点，更是支撑起企业生存和发展的关键。打造“网红”爆款，已然成为无数企业苦心追求的转型升级之道。

“网红”爆款的“核心基因”

提及“网红”，很多人会下意识联想到基于互联网社交平台而大红大紫的一批事物。的确，随着互联网技术特别是移动互联技术的飞速发展，网络自媒体的兴起，“网红”经济诞生。从微博、微信公众号，到快手、抖音、今日头条，以及斗鱼、YY、熊猫等众多直播平台，一个“网红”IP 的背后不仅有十万、百万乃至千万级的粉丝，围绕它的商业运作也是风生水起。

商品消费市场经历了从曾经的卖方市场到如今买方市场的转变，消费需求的升级让“网红”爆款有了广阔的发展空间。一方面，随着互联网技术的飞跃，全球化时代的到来，信息渠道不断增多，选择范围不断扩大，消费者的认知经验在不断提升。消费者的消费习惯从被动变为主动，从盲目变为理性,对商品的选择更加挑剔,更多人开始注重个性化需求。另一方面,随着"80后""90后""00后"逐步成长为消费市场的主力,大量传统商品已经无法满足他们的消费需求,"网红"爆款正是抓住这一时机迅速发展。

"网红"爆款产品具有四大超越客户预期的明显特征(见图17):

1.颜值高,多采用三维视觉设计理念,包装大胆创新,符合年轻人的审美情趣和当下的潮流文化;

2.能互动,产品能够表达品牌内涵,凸显调性和气质,能够进行人格化、情绪化、叙事化表达,形成互动;

3.体验好,除了能解决痛点、满足需求之外,还能使用户获得良好的体验及关怀;

4.价值感,精准把握主流消费群体可接受的价格区间,以超高性价比击中高势能用户。

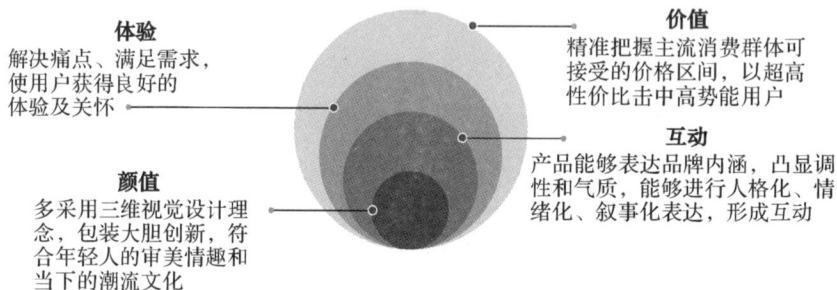

体验
解决痛点、满足需求,使用户获得良好的体验及关怀

价值
精准把握主流消费群体可接受的价格区间,以超高性价比击中高势能用户

颜值
多采用三维视觉设计理念,包装大胆创新,符合年轻人的审美情趣和当下的潮流文化

互动
产品能够表达品牌内涵,凸显调性和气质,能够进行人格化、情绪化、叙事化表达,形成互动

图17 "网红"爆款产品的特征

对于一个企业而言,要想成功打造一款"网红"爆款产品,仅仅依靠广告轰炸是远远无法实现的。如今的年轻消费群体对品牌与产品的认知更加理

性,会从多个角度去衡量产品再进行购买。源自美国却在国内风靡起来的 blk. 黑水,就是一款将情怀与标新立异做得恰到好处的"网红"爆款。

许多消费者在接触 blk. 黑水时,都会被告知这样一个品牌故事:blk. 黑水由一对姐妹 Jacqueline 和 Louise 发明,这对姐妹从事的是酿酒的工作;2008 年,她们的母亲不幸患上了绝症,并被告知只剩下一年的寿命,这对姐妹尝试给母亲服用加入了"富里酸"的水,却意外地挽救了母亲的性命;这也是她们研制这款新型饮料的原因。①

包含着浓浓的亲情,又有神奇"救命功效"的 blk. 黑水,就这样一下子抓住了消费者的目光。它以独特的产品形态和包装迅速成为 ins 红人和明星的宠儿,还成功打入了美国电视艾美奖的礼品包。进入中国市场后,结合品牌故事与标新立异的产品包装,这一品牌也在互联网上迅速走红,销售业绩不断刷新纪录。

正是基于创新的产品研发和差异化的视觉设计,blk. 黑水一上世便风靡全网,一跃成为"网红"爆款,其爆红速度的确令人惊叹。

打造"网红"爆款就是打造品牌个性化标签

"网红"之所以红,在于其独一无二的个性化标签。有了这个鲜明的标识,即便后来盲目跟风者紧随其后,也仅仅只能分得些残羹冷炙。在商品消

---

① 《70 元一瓶像墨水一样的黑色矿泉水你喝吗》,孟煜前,http://hzdaily. hangzhou. com. cn/hzrb/html/2015-06/10/content_1986069. htm,2015 年 6 月 10 日。

费市场，我们讨论得更多的是如何制造爆款产品，着重于产品本身。结合时下热点或趋势打造的"网红"爆款产品，必须体现出独一无二的个性，在短时间内受到认可并传播，吸引粉丝用户，进而催生出流量经济。

近年来，无数案例表明，打造"网红"爆款产品绝不能像打造快餐式消费品一样急功近利，而是应当在产品品质上精益求精。在互联网各大电商平台狂销热卖的"网红"爆款黄飞红花生，就是坚守高品质的代表产品。黄飞红花生不管是在主料还是在辅料上都经过了精心设计调配，花生大小均匀，色泽饱满，每个都是按照标准进行严格挑选的，重量均为 1 克；配料选用四川的花椒和麻椒，创新了产品的口感。没有过度奢华的包装，也没有标新立异的噱头，这款由做酱油等调味品起家的烟台欣和味达美食品有限公司跨界推出的"网红"花生何以创造了业界神话？

事实上，黄飞红花生的爆红正是由于其创始人抓住了市场空白。当时麻辣花生这个品类在市场上还是空白，于是欣和味达美经过多次口味调试，将麻辣花生的味道确定下来。特别是对黄飞红这一品牌名字的选取，堪称妙笔。这个名字取用了花生的"黄"和辣椒的"红"，寓意"给传统产品带来一抹红色而显得神采飞扬"，既表达了麻辣花生的产品属性，又谐音大众耳熟能详的"黄飞鸿"，无疑为传播打下了良好的基础。

如果说黄飞红花生的成功在于抓住了市场空白，那么"三个爸爸"的"网红"爆款打造则充分体现了换位思考带来的品牌效应。2015 年，前央视记者柴静自费拍摄，聚焦空气污染的深度调查纪录片《穹顶之下》刷爆了互联网各大平台，也让雾霾危害成为万千父母关注的焦点。在许多人还停留在网络话题讨论的时候,三个爸爸则从儿童专用净化器的角度进行了品牌策划。经过前期市场调研和深入探索,三个爸爸将目标受众精准定位为孕妇和 0~10 岁的儿童,一切行动都围绕着这一用户人群而展开。在产品上线前,三个爸爸事先打造粉丝团,通过开展各类公益活动积累粉丝,和粉丝建立积极的互动关系。它认识到只有有情怀的产品才能触动消费者,因此,它着力打造"爸爸精神",用独具匠心的技术对产品进行反复打磨,采用绿色环保技术,只把自己试用过的真正好的产品推向用户。在此基础上,随着产品研发与市场推广,三个爸爸毫无疑问地取得了成功。

打造"网红"爆款绝不是新兴领域和创新型企业的专属,很多传统企业同样能够实现。众所周知,中国是电动车消费大国,市场竞争尤为激烈。传统企业如何打造"网红"爆款?"集漂亮与聪明于一体"的小牛电动车就给出了最好的答案。高颜值、智能化、锂电池,是小牛电动车大受欢迎的三大主要因素。在众多行业大咖依然醉心于产量规模的情况下,靠着众筹起家的小牛电动车牢牢锁住年轻消费群体,树立了"'网红'电动车第一品牌"的个性化标签。

从市场营销的角度说,传统企业只有客户没有用户,而互联网时代就是要做深度沟通和互动交流,通过打造"网红"爆款把客户变成用户。当下的年轻消费群体不愿拘泥于俗套,生活与工作的压力已经让他们苦不堪言,因此,在消费的过程中,他们更希望在产品本身之外找到心灵的契合点,这也是所有商家在打造"网红"爆款产品的过程中,极为重视个性化标签的根本原因。

PR："三板斧"引爆

当下，PR已经成为塑造品牌认知的主要武器，广告仅作为树立品牌形象的工具，大部分新消费企业都是通过PR"三板斧"，即跨界合作、借势曝光、事件营销来实现爆红和建立消费者的品牌认知的（见图18）。

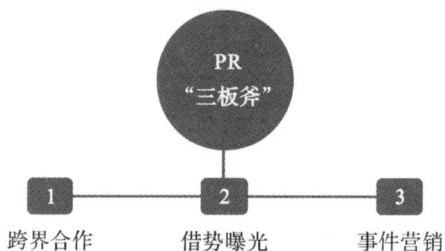

图18 PR"三板斧"

理论千篇一律，在具体操作的过程中，要实现PR"三板斧"的精准高效，必然要在细节上体现独到之处。

跨界合作追求1＋1＞2的营销效果

跨界合作对于很多企业而言并不陌生，这种方式使企业可以用较小的成本投入完成资源整合和力量集聚。在全球化竞争之下，越来越多的企业开始不遗余力地加速跨界合作的步伐；而在PR领域，跨界合作更是近年来的主流趋势。当下,许多所谓的跨界合作仅仅停留在表面,企业满足于"1＋1＝2"的结果,而这些企业往往以产品或品牌的曝光度作为唯一参考:你的微信公众号有多少粉丝? 我的微博有多少粉丝? 这次合作能带来多少流量? 其实,真正落在实处的跨界合作,能达到1＋1＞2的营销效果。

许多人发现,如今市场大热的咖啡品牌瑞幸咖啡似乎"不务正业",不断跨界"搞事情"。瑞幸咖啡是炒作高手,跨界合作是它的惯用策略。2018 年10月底,瑞幸咖啡联合浦发银行推出联名信用卡。很难想象,咖啡能和信用卡碰撞出什么火花。但瑞幸咖啡通过和浦发信用卡进行跨界合作,构建了新型的场景式体验消费,通过大力度的折扣和多重福利暴击,轻松契合了年轻人的消费需求,也让瑞幸咖啡着实火了一把。

联想到此前,瑞幸咖啡携手冯唐,跨界开办了一家"撩"主题咖啡馆,为了凸显品牌的独特调性,展示独特的视觉形象,瑞幸重磅推出冯唐定制款的"不三"杯套,卷起了一阵咖啡界文艺清新的风潮。一系列让人眼花缭乱的跨界合作,不仅让瑞幸咖啡的品牌曝光度不断激增,也折射出其全方位打造品牌生态体系、拓展多元化市场的雄心。瑞幸咖啡以新零售模式改变传统咖啡消费模式,成为国内成长最快的独角兽企业,其标志性的小蓝杯已成为许多都市白领的时尚生活新选择。瑞幸咖啡涵盖金融、互联网、文化等众多领域的跨界合作,绝不仅仅是为了流量与积累用户,而是旨在通过借力,实现1＋1＞2的品牌营销效果。

量变产生的影响力远远比不上质变。两个品牌联合,要能演绎出一个新的、值得体验的故事，才能实现质变。这才是 PR"三板斧"中跨界合作真正追求的效果。

借势曝光要精准把握话题热点与焦点

因为有了多元化的信息传播渠道，加上海量自媒体的兴起，如今的热点话题与焦点事件可以在第一时间被多角度、多渠道地迅速传播，这也为借势曝光奠定了基础。当然，借势曝光不是毫无目的地作秀，而是有计划、有内涵的品牌营销策略推广，必须精准把握话题热点与焦点。

足球与橙汁饮料之间似乎并没有什么值得深究的关联性。然而，2018年世界杯期间，天使之橙却依靠持续深入的借势曝光，实现了人气、流量与市场业绩的多赢。

天使之橙瞄准世界杯这一热点赛事，借势营销，抓住球迷的关注点，进行品牌视觉化创新，推出 6 款可爱呆萌的拟人化形象，鲜艳活泼、热情四溢的品牌形象极大地勾起了球迷的兴奋感。随着赛事的推进，天使之橙再加一把火，推出"橙色军团"大礼包，利用社会化营销手段加上 KOL 的转发，将营销活动推向了高潮，天使之橙也因此名声大噪。此外，通过打造"橙子戏法"H5 互动闯关游戏等线上线下的多维互动，天使之橙获得了数量庞大的球迷群体的关注和支持，品牌影响力飞速飙升。

不可否认，"互联网＋"时代也是注意力经济时代，受众经过各路品牌的长期"调教"，对营销的"免疫力"正在不断增强。品牌营销要想深入人心，就必须有独特的记忆点，在创意上下足功夫。

和天使之橙层层深入的借势曝光相比,另一款橙类产品褚橙则更为简单高效。这款被称为"励志橙"的"网红"产品,其营销活动不仅仅局限在产品本身,而是根据不同的人群进行产品的定制化生产。它推出 12 款个性化包装,借用网络流行语、热门词语等构成 12 种具有鲜明特性的标签。再加上褚橙创始人褚时健本身拥有传奇的人生经历,其人本身就是舆论热点,他的经历被网络和媒体持续传播扩散,持续的曝光度也印证了褚橙"励志橙"的品牌标签。这种强势传播效应,是任何广告宣传都无法实现的。

事件营销要具备潜移默化的带动力

PR 营销的"第三板斧",是人人皆知却非人人能够做好的事件营销。事件营销讲究的是度:火候不够如隔靴搔痒,难以达到预期效果;火候过了则欲速不达,甚至产生难以预料的负面效应。真正堪称成功的事件营销,应如中国传统古诗所言:润物细无声。通过事件营销让消费者在潜移默化间认同并记住品牌,这才是高明之举。

说到事件营销的经典案例,不得不提到俞文清燕窝水。

作为新消费时代下诞生的一款燕窝饮料,俞文清燕窝水的出场方式与众不同。按照传统的营销观念,在卖场设立专柜,在电视、广播等平台进行大规模广告投放,都是常规的营销策略。然而,为了做到快速传播并进行舆论造势,给潜在消费者难以忘却的印象,俞文清燕窝水采用了充满"悬疑性"的独特的出场方式。

俞文清燕窝水首先在外滩花旗大厦利用 LED 大屏投放"请你 hē 俞文清"的灯光字幕，打响事件营销第一枪，成功引起消费者强烈的好奇心；而后进行出租车广告营销及短信轰炸，将"俞文清"这三个字深深烙在消费者心中，引发消费者的联想：到底谁是俞文清？事件持续发酵，俞文清燕窝水的话题热度持续炒高，加上微博等各媒体平台的二次传播，俞文清燕窝水一炮而红。由事件营销带来的影响，成为其品牌热卖的最大助力。

事件营销的另一成功典范是堪称营销领域"老司机"的卫龙辣条。在众多辣条品牌中，彻底和"三无""垃圾"字眼绝缘的卫龙，以较低的单品售价创造了年收入 20 亿元的奇迹，更在海外掀起抢购热潮。"卫龙神话"的背后，精准高效的事件营销功不可没。

近年来，我国越来越重视食品卫生安全问题，而辣条产业一度处在风口浪尖。电视媒体及互联网不断曝光一些黑心小作坊生产的辣条，肮脏的生产环境，大量的色素、违规添加剂、地沟油，再加上工作人员直接上手操作，让包括卫龙在内的众多辣条企业遭遇严重的信任危机。在央视曝光某辣条厂商在产品中使用违规添加剂后，卫龙抓住全民关注的时机，公开全自动化生产过程，选择用直播的方式展示生产车间，一下子转危为安，更迅速圈粉。更为绝妙的事件营销策略在 2017 年 2 月。当时，韩国部署"萨德"系统引发全国人民抵制韩货，卫龙把江苏盐城乐天玛特超市里所有的卫龙食品全面撤下，并且宣布今后不再与乐天合作、供货。这一举措毫无疑问将卫龙贴上了"爱国辣条"的标签，不仅让其登上微博热搜榜，也让其品牌形象更深入人心。

由此可见，精准高效的事件营销足以推动一个品牌事半功倍地开启新格局。

总而言之，PR"三板斧"并非秘不可传的神功秘籍，而是人人都能理解和掌握的市场运作法则。营销始终不变的目的是最大程度地对品牌和产品进行推介和宣传，进而赢得消费者与市场。围绕这一核心，PR"三板斧"的每一招，都应当有针对性、有目的性、有个性。无论是另辟蹊径、独树一帜，还是化繁为简、专注一式，都是殊途同归的成功之道。

PEOPLE：社群裂变，粉丝运营

所有新企业、新品牌都期望能一夜爆红，获得优质流量，并将热度持续下去，在血雨腥风的竞争中屹立不倒。而本节要讲的两大主题——社群裂变和粉丝运营，正是品牌实现早期爆红，以及后期持续拥有好口碑的关键。

人人都想依靠极致的产品迅速打开市场，获得广泛的消费受众和不断叠加的好口碑，而现实情况却很"骨感"。在产品不能像苹果、特斯拉那样惊艳到一经发布就让用户自觉靠拢和疯狂追捧的时候，就需要依靠社群裂变来打造前期的爆红口碑。

一些很火的明星 App，每天新增的下载注册用户中，96%以上来自社交网络。[①] 社群的核心作用在于解决品牌前期获取流量难、曝光量低等堪称"天堑"的问题。通过发掘、筛选高价值的核心用户，以产品和服务去解决他们的痛点，满足深层需求，从而让好口碑不断叠加，把产品/品牌的价值传递出去，形成流量、口碑百川入海的集聚效应。好的社群从 PR"三板斧"以后就应开始运营，每年不间断地举办社群活动，将品牌持续引爆至更大的群体。

---

① 《小群效应》，徐志斌，北京：中信出版社，2017 年 11 月版。

创下一年 3 亿元销售额神话的江小白,就是玩转社群裂变的高手。直到现在,依然有许多人认为,江小白之所以会火,大部分应归功于它打动人心的文案。这个看法十分片面,其实好文案最多起到推波助澜的作用,江小白的真正厉害之处在于把"社群玩法"推到了一个新的高度。

江小白没有茅台那样显赫的历史,也没有稳定庞大的用户群体做支撑,它只能用品牌创新和营销创新来完成市场突围。江小白首先确立了"青春小酒"这一精准定位,迎合了年轻人用酒来表达情绪、促进交流的需求,满足用户深层需求的同时也自带了话题效应。在创立之初,江小白就展开社会化营销,利用微博这一高速"顺风车",最大化地发挥出微博 KOL 营销的功能,通过"大 V"的名人效应放大品牌裂变的效果,沉淀下一批又一批"铁粉"。与此同时,江小白邀请重庆的媒体机构对生产基地进行考察,利用舆论之势快速提升了自身的品牌力和影响力。

实际上,江小白最初的营销和许多传统品牌一样,是单向输出式的,难以满足消费者表达自我的强烈诉求,消费者的参与感不高。意识到这一问题的江小白迅速调整打法,使产品成为像微博、微信朋友圈一样让消费者用以表达自我的载体。同时,江小白也通过更多的社交网络平台建立产品社群,推进口碑的传播,在社群营销甚至社会化营销中使品牌力发生几何级裂变,形成强大的品牌效应,在各地积累了忠实粉丝。

社群裂变实际上是以满足用户的核心诉求为前提的。比如江小白的社群裂变方式,其前提就是破解了年轻消费者孤独、焦虑、渴望交流、迫切想表达自我等核心诉求。而接下来要说的雷克萨斯尊尚会,则是利用了核心用户对"身份"、尊贵服务等的诉求。

雷克萨斯尊尚会以自我品牌定位为出发点，通过社群运营来不断壮大粉丝队伍，强化产品高端、服务细致、品牌文化深厚这些认知。加入尊尚会后，用户不仅能体验到每年不间断的高尔夫球赛、自驾游、健康跑、植树日、烘焙课堂、电影夜、音乐会等社群活动，还能成为白金 VIP 会员，享受增值金、车辆保养升级服务、精品装潢优惠、老客户关爱计划、二手车置换优惠等特殊权益和尊贵服务……这种既有实际利益又能凸显买家身份的社群活动方式，让用户获得了非常大的心理满足，对消费者来说有极大"杀伤力"，很多消费者几乎是毫不犹豫地加入其中。不断壮大的用户群体中，新用户有很大概率会变成忠诚拥趸者，并在许多场景下对雷克萨斯进行"自来水"式的口碑传播，他们的亲友、同事等则都有可能成为潜在消费者。雷克萨斯的社群运营成为汽车行业提高用户满意度的典型案例。雷克萨斯多年来都能高居 J. D. Power(君迪)客户满意度和新车质量调查榜单的领先地位，其尊尚会的社群运营功不可没。

品牌的持续发展不能仅依靠几次口碑爆点，品牌在一夜爆红后迅速没落的案例数不胜数。如果说社群裂变是早期爆红的关键，那么合理有效的粉丝运营便是持续这种爆红的法宝，也是建立长期口碑的关键。

同样以江小白为例。在粉丝运营方面，江小白堪称白酒行业乃至整个国内品牌界的典范。在通过社群裂变实现口碑爆红后，江小白又通过线上线下多种犀利"打法"深耕粉丝运营。

江小白粉丝运营的一大利器是场景营销。江小白每年都会围绕不同主题举办一场"约酒大会"，比如"醉后真言""我们约酒吧""约酒不孤单""小约在冬季"等。通过举办不同的线下主题活动，将各类粉丝聚集到一起，打造属于江小白粉丝的狂欢节。这种主题活动的开展使江小白的用户呈几何级增长。而江小白推出的"表达瓶"也充分考虑用户诉求，通过 H5 活动让粉丝成为内容生产者，满足粉丝爱分享的需求，加强粉丝的参与感。江小白"表达瓶"将品牌和粉丝完全融合在一起，使用户成为品牌的一部分，这和小米强调的参与感有着异曲同工之处。

粉丝运营除了将传统的单向输出模式变成双向互动模式，还有一大改变，那便是一定得"动起来"。关于这一点，"乡土乡亲"是典型代表。

通过茶友会，乡土乡亲这个只做微信营销的茶叶品牌销售额超过千万元，背后便是社群驱动的力量，而粉丝运营的打法也十分出彩。比如乡土乡亲曾发布了一项活动——"处女座检查团"：找到那些完美主义的处女座，给每个人发 10000 元差旅费，请他们来参与企业的社会化监管。这类活动在媒体和网友眼中是具有爆炸性话题效应的，其宣传效应不言而喻。不过，乡土乡亲没有把它看作一个社会营销事件，而是作为一个和粉丝长效沟通的渠道。"处女座检查团"的监管活动是全年候的，不分时间、地点。

在这一活动中，企业与目标消费者有了深度沟通和互动，而这些检查团成员也会把自己的见闻与粉丝们进行互动分享，传播效应得到了无限放大，用户对品牌的忠诚度增强、荣誉感提升，许多人都担当了消费者和品牌传播者的双重角色。品牌持续走红的必备条件——长期口碑也就由此形成。

乡土乡亲的 CEO 赵翼曾谈及社群营销，他说："一方面在移动互联网时代用微信与用户建立亲密关系，另一方面用城市茶会松散式的俱乐部形式来丰富联结……我们这些线下活动，包括城市茶会，目的就是丰富每个节点的平均连接数，原来谈粉丝其实都还是单向的，只是说用户跟品牌建立起关联，但让用户和用户产生连接，这才叫社群。"①

讲述完以上案例，让我们来思考一下：为什么社群裂变和粉丝运营的威力如此之大？人是社会性动物、群体性动物，"物以类聚，人以群分"，人天生就有和相似之人聚合在一起的偏好。宗教是大的社群，寺庙是大的渠道；看球有球迷会，大学里有老乡会。这些都是或大或小的社群。而有了互联网，尤其是移动互联网之后，人们寻找"组织"变得更容易，交流、互动也更方便、更频繁，更容易形成相似的价值观和一致的荣誉感。这种情况下，社群模式也必然产生颠覆性的营销力量和经济价值。就像江小白、三只松鼠集合了"文艺范"白领粉丝，小米集合了发烧友和青春派粉丝，罗辑思维聚合了追求知识和趣味的深度网络用户……

社群裂变就像在池塘里扔一块石头，水面会形成涟漪。把社群搭建好后，群体成员会自觉地互动，帮助你完成许多单凭一己之力完不成的任务。最重要的就是要找准品牌或产品的定位，寻找真正有价值的核心消费群体，并以共同爱好、价值观等为导向建立品牌社群，通过深层次的互动来沉淀用

---

① 《乡土乡亲赵翼自述：茶，一个窄类品牌怎么玩转社群》，zrking，https://www.huxiu.com/article/41290.html，2014 年 8 月 29 日。

户,让用户成为粉丝而不是过客,这样既节省了宣传成本、破解了复购率低的危机,也让消费者成为品牌推广过程中的重要一环。

粉丝社群经济时代已经到来,想让品牌爆红并一红到底,你需要找到玩转社群营销的独特方式。

PLACE：新零售渠道拓展

随着新零售时代的到来，越来越多的零售商正在逐步改变传统的销售策略，在将销售渠道从线下拓展到线上的同时，也在拓展多层次、多维度的销售渠道。包括内容电商、社交电商、跨境电商、众筹模式等众多新零售渠道百花齐放，通过新零售渠道快速对接市场成为品牌爆红的制胜法宝之一。

新零售渠道依赖于互联网社群经济体系

如同工业革命带来了社会变革，互联网技术的高速发展已经全方位改变了消费者的消费行为和习惯。特别是在新零售时代，以"80后""90后""00后"为主体的消费群体正迅速崛起，也带来了消费需求的变化。和传统零售领域一成不变的买卖流程不同，新兴消费群体所推崇的细分化、个性化、定制化需求开始盛行。特别是在零售渠道方面，消费者可以通过线下实体店、线上网店、电视购物、社交媒体等多种途径实现与品牌的互动，购买地点和购买习惯的多样性、碎片化也带动零售商的零售渠道朝多样化方向发展。

作为乳业新零售黑马，"认养一头牛"在产业规模、资本底蕴和品牌历史等方面，显然无法同行业巨头伊利、蒙牛等相抗衡。然而，围绕消费者首要关心的奶源安全问题，主打"从牧场直达餐桌"的认养一头牛，通过搭建全面的线上＋线下渠道，通过品牌与用户之间最接地气的互动式交流，确立了发展方向。在其运作模式下，用户可以 24 小时观看奶牛的生活状况。认养一头牛的质检报告根据生产批次实时更新，检验日期、各成分含量都"落纸为安"，有据可查。

在新零售渠道的多元化拓展上，认养一头牛的线上渠道包括开始吧、吴晓波频道、网易严选等精品平台，再通过与物流公司的合作，提供配送到家的服务。而在线下渠道方面，认养一头牛和鲜丰水果进行战略合作，进驻旗下水果店；此外，在社区、写字楼等多个场所均能看见它的身影。相比传统乳业的经营模式，认养一头牛玩转了新零售渠道，其品牌竞争力也在这一过程中飞速增长。

在新零售时代，拓展新零售渠道必须充分考虑到目标消费群的认同感，这就需要在体验度上做足文章。伴随着消费升级，品牌方与消费者之间的关系也在悄然发生着改变，企业如何吸引更多用户参与社群活动，这是关键的问题。新零售渠道的拓展，必须根植于互联网社群经济，只有让用户掌握了话语权，体验度和参与感获得了提升，他们才会有兴趣关注品牌和产品，进而产生消费欲望。

再来看另一个在新零售渠道拓展方面做得风生水起的品牌——袁米，它在众筹模式创新的探索上堪称经典。2017 年，袁米在开始吧众筹平台不断刷新纪录：众筹额 5 分钟破百万，2 小时破千万，仅用 1 个月便筹集资金 2000 多万元。这不仅创造了农业类众筹最快纪录，更打破了 2016 年由网易丁磊创造的 1900 多万元农业类众筹的历史纪录，刷新中国农业众筹最高金额。[1]

许多人会问，为何大众如此看好袁米？项目共建人、"杂交水稻之父"袁隆平或许就是最好的答案。被誉为"当代神农氏"的袁隆平院士在中国乃至世界可谓家喻户晓。为了提高中国的粮食产量以应对人口的急剧增长，袁隆平带领海水稻研发中心成员历时 4 年，经过反复测试和材料重组，潜心培育出高品质的碱生稻。这款稻米来之不易，最后以"袁米"命名，率先在互联网平台上进行发售。可以说，袁米项目本身就具有非凡的意义，选择众筹平台作为项目起点，正是出于对当下互联网社群经济的充分认可。毫无疑问，袁米走出的第一步成功了。

在新零售时代，追求渠道拓展必须深挖用户的需求与想法，给出高效的解决方案。特别是在年轻消费群体扎根互联网社群的前提下，通过互动增强用户的参与感，是缩短品牌宣传期，无限放大营销效果的最佳途径。

拓展新零售渠道要紧抓品牌与市场的契合点

新零售渠道的拓展，是建立在精准把握市场行情与用户需求基础上的创新和超越。无论是线上还是线下，无论是传统品牌还是新兴品牌，只

---

[1] 《众筹两千多万，"袁米"怎么做到的？为你揭秘背后的故事》，郭静，谭文宝，刘海宁，http://news. iqilu. com/shandong/yuanchuang/2017/0507/3531561. shtml，2017 年 5 月 7 日。

要紧紧抓住品牌与市场的契合点,充分彰显品牌优势和特色,就能尽早树立品牌的个性化标签,在同质化竞争中脱颖而出,抢占市场和用户。在互联网新零售的强力冲击下,传统货架式、做复购和标品的销售所受冲击最大,而渠道变化将给新品牌带来崛起的机会。随着中产消费理念逐步成熟,特别在一些传统领域,开拓探索新零售渠道已经成为转型升级的必由之路。

也许很多人会说,前文所述的袁米众筹项目,本身就有袁隆平院士的背书,因此项目的火热在意料之中,那么,另一个同样来自农业领域的众筹项目——赤焰石榴,则堪称"草根"拓展新零售渠道的一次有力而成功的尝试。

有趣的是,项目发起人兼赤焰品牌拥有者吴智开启这一众筹项目的动机,源自一个人人皆面临却没有解决办法的问题:石榴虽然美味,但一颗颗吐籽实在很麻烦。就是这样一个困扰人们已久的问题,让吴智看到了无限商机。他了解到,吃突尼斯软籽石榴不需要吐籽,它的籽可以直接食用——据了解,它是目前已知世界范围内籽核最软、综合性状表现最优的石榴品种。[1]

发现商机固然让人兴奋,将项目落地并形成规模,其中的酸甜苦辣也唯有吴智最清楚。值得一提的是,和传统的农业创业者不同,吴智做赤焰石榴从一开始就找准了新零售渠道。吴智关注到开始吧对于农业领域有所扶

---

[1]　《浅谈突尼斯软籽石榴产业发展现状及对策》,石美凤,《现代农村科技》,2018年第2期。

持，便登录开始吧进行众筹，同时他利用开始吧旗下的"一人一城"等自媒体矩阵进行舆论造势。开始吧众筹平台拥有数量众多的有钱有闲有知识的用户群体，这对赤焰石榴的宣传和推广有较大助益，而这也是吴智选择和开始吧合作的原因。通过持续的内容打造和品牌造势，赤焰石榴无论在品牌影响力还是销售渠道拓展上都获得了空前的成功。

中国的中小型企业是一个规模庞大的群体。因为没有品牌优势，很多企业面临的首要问题是生存，选择差异化、低成本的渠道是解决这一问题的有效方法。特别是在新零售时代，信息的传播、认知、评论、判断更多元化，新零售渠道的拓展往往能够起到推动量变引起质变的作用。

对于新零售渠道的重要性，几乎所有商家都有清楚的认知。然而，通过新零售渠道推动品牌发展，并非每家都能做好。比如国内的白酒市场品牌林立，竞争十分激烈，而就在 2017 年，金六福"一坛好酒"横空出世，席卷市场。暂且不去评论这款酒的工艺和口味，成为"网红"爆款的一坛好酒在渠道营销特别是新零售渠道的精妙布局堪称神来之笔。一坛好酒重视新零售渠道的布局，以线上社交电商为基础，以微信平台为突破口，利用 H5 进行招商引流，构建互联网招商模式。作为白酒界的新锐品牌，一坛好酒用自己的方式跑出了一条全新赛道，正是源于对新零售渠道的熟练掌握和运作，一坛好酒获得了远快于传统酒品牌的成长速度。之后，它进行创意营销，打造原创视频，利用"洋老外＋'90 后'酿造师"这一设定颠覆传统认知和行业价值观。"90 后"酿造师的加入，一方面展现了白酒的年轻化，另一方面通过"90 后"酿造师对梦想的追求传递了品牌理念。这一则视频在今日头条等平台上进行高强度曝光后,为品牌带来了大量流量,一坛好酒也因此频上"热搜",成为新晋"网红"和爆款品牌。

传统品牌和新兴品牌不管以何种方式参与新零售之战,都应立足产品本身,制造让消费者尖叫的产品。从零售渠道方面看,内容电商、社交电商、跨境电商、众筹模式等这些新元素、新模式、新机制,正在撬动新零售时代庞大的红利市场。在这一场渠道革命的浪潮中,只有主动求变,在市场与品牌之间找到最佳契合点,企业才能有所作为,才会拥有参与全球化竞争的资本和底气。

12

营销战略的
"误"与"解"

避免盲目多元化、品牌跨界困境和山寨陷阱

近几年，消费升级催生了很多新的品牌产品和服务，很多传统企业也纷纷抓住时机，在新领域谋求发展。纵观历史上每一个转型升级的窗口期，总会出现一个投资和创新的高潮，但是成功的只是少数。无数失败的案例是留给我们的财富。究其原因，不懂品牌的发展规律，盲目多元化和山寨模仿是很多企业经营失败的根源。当下，单纯靠模仿与盲目多元化已经无法取得成功，拥有创新意识、提高品牌营销效率才是成功之路。

多元化战略成为企业发展之痛

企业多元化战略是指企业在原主导产业以外的领域从事生产经营活动。它是与专业化战略相对的一种企业发展战略。企业是否要进行多元化经营，要根据企业的实际情况而定。若企业在发展的道路上盲目追求多元

化，往往会因为难以兼顾各项业务而忽视对品牌的打造，很难打造出一个针对性强、旗帜鲜明的品牌。

国内企业总是盲目追求多元化，最终导致经营失败。反观国际上，根据2018 福布斯全球品牌价值榜公布的数据，可口可乐只生产饮料，却有 573 亿美元的品牌价值；微软以软件为主，品牌价值高达 1049 亿美元；麦当劳只卖汉堡，也有 414 亿美元的品牌价值。多元化战略尽管已成为很多企业谋求成长的重要手段，但是一项关于企业多元化经营的研究发现，"世界上最成功的公司中涉及产业多元化的不到 15％……超过一半的公司由于多元化扩张导致了崩溃"[①]。健力宝当年作为中国第一运动饮料品牌，却选择了盲目多元化，推出"第五季"和"爆果汽"两个全新产品，有限的营销资源被滥用于推广全新的品牌和产品，这是对健力宝品牌资源的巨大浪费，导致了它最终的失败。

品牌跨界陷入困境是企业面临的常见问题

跨界困境是商业发展中一个常见的问题。随着企业的发展，业务会扩张至新的领域，但是这个领域往往在商业运作上与原领域会有所区别，从产业特点到营销打法乃至适配的团队都会有所区别。如果企业没有掌握新领域的商业规律，往往会遭遇重大挫折。此外，消费者对品牌有一种刻板印

---

① 《多元化战略的一元化思考》，刘海峰，致信网，http://www.mie168.com/manage/2005－08/199131.htm，2005 年 8 月 29 日。

象,很难颠覆,品牌的跨界是对消费者认知的一种挑战,对品牌经营来说弊大于利。

在跨界经营的案例中,恒大冰泉可以说是"含着金汤匙出生"的。但是这个拥有超强资金实力和商业运营能力的团队,其跨界之战却遭遇了商业发展的滑铁卢。作为地产大亨的许家印进军饮用水市场,资金雄厚,每次投入都是十亿级的。截至 2014 年年底,恒大冰泉累计投入超过 55 亿元。但是这个"出身豪门"的产品,却没有取得预想中的辉煌,2014 年目标销售 100亿元,实际销售仅 9.68 亿元,而 2013、2014、2015 年 1 至 5 月累计亏损达 40亿元。① 40 亿元的亏损对于恒大来说并不是大问题,但是对于很多企业来说却算得上灭顶之灾。很多有实力的大企业在跨界的过程中都会带着一定的优越感,认为自己品牌知名度很高,可以在新消费领域快速实现市场扩张,然而现实是,消费者并不买账,他们对品牌的固有印象是很难改变的。恒大冰泉的亏损就是一次教训。恒大冰泉的失败案例应该为很多企业敲响警钟,尊重品牌发展规律才是企业成功发展的基础。

山寨导致企业缺少核心灵魂

"山寨"一词源于广东话,它最早出现在制造业,是指民间势力对某些知

---

① 《案例丨恒大冰泉巨亏 40 亿,败在哪》,于建民,"销售与管理"公众号,搜狐网,www. sohu. com/a/77005241_355066,2016 年 5 月 24 日。

名品牌的低成本仿制，其特点是仿造性、快速化、平民化。[①] 2006 年以来，山寨产品在电子、餐饮等各个行业迅速蔓延，呈燎原之势。山寨企业如雨后春笋一般兴起，最后却很难得到长久的发展。其原因主要是山寨企业缺乏创新精神，无法推出有自己特色的产品。消费者需要的不是雷同的产品，而是能带来新鲜消费感受的差异化产品。山寨模仿在一定程度上是对自主创新的一种伤害，企业缺少了创新这一核心灵魂，无法研发出具有差异性的产品，最终会导致品牌从模仿走向没落。

山寨是一个简单复制的制造过程。正因其门槛低的特点，很多企业竞相走上了这条道路。然而，最终能够从市场中脱颖而出的大企业都不是靠模仿起家的，只有创新才能够真正引领市场。blk.黑水红极一时，企业们竞相模仿生产，一时间市面上出现的黑水品牌不下几十家，全国多地曾出现一个货架上七八个黑水品牌相竞争的局面。但是提起黑水饮料，人们有印象的只有 blk.黑水。由此可见，山寨之路并不是品牌发展的正道，只有推出创新产品，才能在消费者心中占有一席之地。

类似的案例屡见不鲜。例如提起辣条，人们的第一反应一定是卫龙。但实际上国内辣条品牌多达几百家，其中不乏做出了自己的口味和特色的品牌，却仍然无法被消费者记住。这就是至关重要的先入为主定律。只有先走进消费者内心的产品才是拥有市场竞争力的产品，仅靠山寨是无法取

---

① 《逆市上扬有绝招——解读中小企业山寨经》，刘琼、张钰坤、彭青，《中国经贸导刊》，2009 年第 14 期。

得主动权的。失去了市场竞争力也就等于失去了品牌的生命力。因此,新品牌在发展之初就要给自己明确定位,在该品类上打造自己的标签并快速实现市场突破。模仿市面上已经成功的品牌并不是长远之计。纵观中国企业发展史,其实不难发现,那些获得了巨大成功的企业往往勇于创新,深耕于某一个领域,进行专业化经营,进而获得市场地位。可见,品牌应该拥有自主创新的意识,跳出山寨模仿的怪圈,以差异化的产品和服务创造品牌发展的机会。

近些年,中国社会掀起了大众创业的浪潮,尤其对于大江南北热血沸腾的青年们来说,创业几乎成为一种时尚。雷军说:"站在风口上,猪也能飞起来。"移动终端、互联网经济、市场革新为创业者创造了风口。历史上每一次科技革命,都会催生一次创业高潮。但是打江山容易,守江山难,不少企业的发展举步维艰。不遵循品牌发展规律,盲目多元化、盲目跨界、山寨模仿成为这些企业失败的主要原因。然而,当今的市场竞争,不仅仅是产品之间的竞争,更是品牌价值之间的竞争。

1992 年,宏碁集团创始人施振荣先生提出了"微笑曲线"理论。微笑曲线中间代表着制造能力,左边是研发和创新能力,右边是市场和品牌能力。微笑曲线要求企业追求位于左右两边的创新能力和品牌价值。只有摆脱山寨模仿,勇于创新,开发出具有差异化的产品,才有可能在竞争激烈的市场上拥有自己的立足之地。

数一数二，不如成为唯一

在许多新品牌启动的誓师大会上，经常会听到一些类似的豪言壮语："N 年内成为行业一哥""打造成为领导品牌"……实际上，将品牌做到数一数二固然很好，可大多数时候即使凑齐天时、地利、人和，也不一定能达成目标。其实，成不了第一，成为唯一也不错。

新消费时代，年轻人群逐渐成为主流消费力量。这部分消费者没有父辈那种物质匮乏的经验和记忆，他们是无忧无虑的一代，是视野开阔的一代，也是紧跟潮流的一代。他们愿意花钱把自己从重复无聊的事情中解脱出来；他们希望追求不一样的着装打扮、吃喝享受甚至生活节奏，希望能找到更能触动自己的产品。在这样的前提下，大品牌已经不足以成为产品大卖的保证，而足够独特的小众品牌则迎来了新机会。新潮成为它们实现突围的一把万能钥匙。

在消费升级的大环境下，酸奶的市场行情越来越好，许多品牌都纷纷发力酸奶市场，几乎形成了百家争鸣的局面。而有一家名气不算大也没有什么深厚背景的品牌，却成了"口碑和销量齐飞"的"网红"品牌，甚至获可口可乐中国公司入股。这家酸奶品牌就是乐纯酸奶。

放眼酸奶市场，大多数品牌宣传产品优势时，基本就是强调健康、营养，口味也十分相似。而乐纯酸奶的走红，很大程度上是通过独特的产品调性和对小众化(高端)口味的打造而实现的。酸奶在许多人的印象中是价格相对低廉的日常消费品,许多新品牌甚至以低定价的方式来试图分得一块市场蛋糕。乐纯的方式却截然相反,一开始它就定位于高端。它在原料和工艺上精益求精,以更健康营养的产品来获得高端人士的青睐,它进驻米其林餐厅、五星级酒店和各大高级进口超市,得到了高端线下渠道的认可。

乐纯在满足用户对酸奶的健康和营养的需求基础上,在口味方面下大功夫,不断开发新奇的口味,比如玫瑰口味、白桃口味、榴莲口味等。在开发榴莲口味酸奶时,乐纯甚至还通过微博和知乎找来大量榴莲爱好者、KOL前来试吃,希望通过拥有较多粉丝的 KOL 将品牌传播出去。

除了专注于产品本身,为了将包装设计成符合年轻用户审美的样子,乐纯将产品包装的背面做成了一个人人可以投稿的杂志,让每个消费者都能参与包装的设计,提供创意。最终乐纯从这些包装设计和创意中选择了 30个在微信公众号上进行公开投票,决定了产品的包装原型。

从对包装、口味等的打造,再到玩得风生水起的社群营销,乐纯酸奶这个没背景、没靠山的新品牌,仅仅用了 2 年时间就走到如今的规模,成为酸奶界的"新贵"。

如果说乐纯以包装和小众化口味取胜,那么零醉就是靠让人拍案叫绝的创新取胜了。

在许多人的印象中,饮料似乎只分为两类,一类是酒类饮料,一类是非酒类饮料。但现在有了第三类饮料,那就是解酒饮料。而它的代表品牌,就是零醉。根据麦肯锡报告分析:我国是一个产酒和酒类消费大国,近年来酒产量和白酒消费者居高不下，目前中国酒民接近 2 亿人，再加上一般饮酒者，饮酒人数超过 5 亿。看到这份报告，普通的创业者可能已经蠢蠢欲动，想要进入酒类市场一展身手了，而零醉看到的却是别样的商机——解酒。

因为大量饮酒者是出于应酬等目的而饮酒，还有不小比例的饮酒者一边好饮一边又担心健康，在摸准了消费者的需求后，零醉确定了自己的品牌定位：解酒＋养生饮料。这在行业内是首创，也一下子吸引了以上两类消费者的注意。

为了占领消费者的认知，零醉采用了许多切实有效的打法。比如将王老吉拿来做对比，喊出了"怕上火喝王老吉，有零醉不怕醉"的口号。这种借力大品牌的做法，尽管不一定规范，却十分有效，让许多消费者一下子记住了零醉。

接下来，零醉首先通过案例测试等方式不断强化解酒这一核心功能，以微醺、喝醉、断片等不同的醉酒状态来测试产品效果，让饮酒习惯不同、饮酒场景不同的消费者都能被打动；其次，强调口感，向消费者灌输"解酒饮料中，零醉口感最好"这一观点，赢得许多对口味要求高的年轻消费者的青睐，对同类竞品进行"降维打击"；最后，强调产品的天然成分及其养生功能，传递"无添加的健康饮品"这一形象，这部分宣传主要瞄准了年龄相对较大的消费者，尤其是对个人身体健康投入更多关注的富裕阶层消费者。

在营销方式上，零醉有颇多值得借鉴之处。比如包装时尚、有记忆点，很容易让人一眼记住。再如"酒场如战场"等场景化营销，戳中了消费者的软肋，让他们有了强烈的代入感和与品牌的共鸣。另外，"口感比果汁还要好"等营销广告语适度夸张,却十分奏效。

零醉首先在小众化的解酒饮料中成为唯一,随着消费者对产品认知的提升,零醉不断拓展市场规模,最终成为火遍全国终端市场的品牌。零醉的成功,给许多新品牌带来了启发。

在消费升级的背景下,消费需求的个性化、小众化、碎片化,让整个消费的决策逻辑发生了改变,品牌打造方式自然也产生了变化。

小众品牌迎来红利期,然而,打造小众品牌却并非容易的事。首先,从大众化消费时代到小众化消费时代的转变,是从树立"为部分人服务"的理念开始的,这就要抛弃"产品覆盖的客户群越大越好"这一固有理念,从精准人群发力,进而打开市场突破口。

其次,大多数新企业的资源和能力有限,"断舍离"是这些企业要上的第一课,要尽快明确市场细分,决定放弃什么、保留什么。另外,应根据市场的潜力、核心人群的消费能力,来打造产品的差异化特点,选出用户需求最强烈、购买动力最大、与本企业的特长最吻合的目标市场。做到这一步才能逐渐向"唯一"靠拢。而完成这一目标要花大量的时间和精力研究目标客户的需求与痛点。

最后一步自然是产品创新。从不断完善产品的角度思考问题,理解不同消费群体的需求,走出产品同质化的误区。不断提炼和强化品牌、产品的独特价值,满足用户的个性化需求。在产品研发改良和包装设计环节,开放粉丝参与、通过 KOL 扩大影响,把品牌的差异化特征深深植入消费者的记忆中,并通过产品的不断改进满足新的消费需求,实现品牌价值的延伸。

打算进军小众市场的企业一定要时刻谨记——创造出在小众群体心目中价值高的产品，才能让用户的注意力从大众市场转向你。此外，小众化产品并不意味着产品类型的单调，很多时候甚至是相反的。不断深挖细分市场需求，并以此打造新产品，实现产品功能的进化，才是培养小众化产品的"正确姿势"。

将营销体系打造成"战争机器"

自改革开放以来,中国企业向欧美外资企业取经的脚步就未曾停止。
的确,无论是企业经营理念,还是市场营销战略,借鉴和学习外资企业品牌
营销的成功经验,可以帮助本土企业少走弯路,更顺利地发展。如今以产品
和技术为代表的"中国智造"战略取得了突飞猛进的进步,但在营销方面,许
多本土传统品牌忽视了现有营销体系有待改进,仍需向外资企业取经这一
事实,对营销缺乏重视,结果导致品牌力始终无法迈上新的台阶。

学习系统营销理念

当我们仔细观察就会发现,外资企业中的营销负责人甚至 CEO 普遍曾
是研发工程师、产品负责人或者市场公关负责人。这并不是一个巧合,而是
外资企业普遍重视营销体系建设的体现。与之相反的是,尽管类似营销总
监的岗位职务近年来在本土企业中也不断出现,但实际上很多企业掌门人
对于营销总监的理解就是渠道销售负责人。这也意味着,在他们的观念中,
营销就是对销售渠道的拓展。

深入研究后会发现,本土企业掌门人对于营销理念的这种误解与忽视,
正是多年来国内企业向外资品牌学习取经浮于表面的结果。一些本土企业
家过度追求短期利润,将营销等同于销售,将营销效果等同于销售额。事实

上，营销是一个非常庞大的系统。除了销售以外，企业的公关能力、产品研发、客户关系管理等也是营销中非常重要的环节。鲜少有本土企业设立专门的公关团队，一旦发生了负面消息，企业往往会措手不及。就目前来看，本土企业营销仍然普遍停留在短视思维的层面，鲜有企业树立系统的营销理念，即便是一流的企业也不例外。很多本土企业自己培养的营销人员也容易将营销简单化，以为营销工作就是市场宣传和渠道开发。事实上营销工作是系统的、长期的，营销团队的能力决定了品牌竞争力和企业价值的高低。

自中国加入世界贸易组织以来，众多外资企业纷纷进入中国市场，其中不乏世界 500 强企业。它们在中国市场的营销战略，给本土企业家们上了一堂又一堂影响深远的实战课。比如日化巨头联合利华，旗下拥有力士、多芬、立顿、奥妙等十多个品牌，分属家庭护理、个人护理及食品多个类别，在中国，每天都有无数消费者使用联合利华的产品。在针对中国市场和用户的营销战略规划中，其营销团队在企业社会责任、产品、公关、品牌、渠道、研发、人力资源等环节都实施了以本土化为核心的策略。为了加快本土化进程，联合利华中国公司的外籍员工从 100 多人缩减到 30 多人，人力资源配置上进行了相关调整。

在产品研发上，联合利华针对中国人的消费习惯研发更适合中国人的产品，有针对性地进行市场营销。在市场调研中，联合利华发现中国日用品消费市场上，一个显著的特征是消费者对价格的敏感度比较高。针对这一现实，联合利华开始了以降低成本为目标的业务调整，最终适应了中国市场。联合利华的成功并不是偶然的,而是通过系统性的营销最终提升了品牌影响力,提高了市场占有率。

和许多外资企业高度重视营销体系建设不同,目前许多中国品牌甚至行业龙头品牌,在营销方面依然缺乏体系化建设。尽管通过向外资企业学习取经,一些本土企业家认识到建设营销队伍的重要性,但从整体上来看,在营销工作上起重要作用的依然是渠道销售总监。很多企业在亟待改进和完善的产品研发、客户关系管理、市场公关上的投入仍然微乎其微,这反映在岗位设定和企业管理体系上,包括产品经理人岗位、产品研发体系制度、客户关系管理岗位、客户满意度管理体系制度、公关传播岗位、整合营销体系制度等在内的外资企业品牌力的核心元素,极少在本土企业中有所体现。这也是目前本土品牌需要向外资企业学习取经的关键性内容。

建设全方位营销体系

知其不足,方能虚心请教。外资企业之所以品牌力很强,是因为它迅速完成了营销体系化构建、营销职能健全和岗位人才梯队完善,能够以最佳效果实现营销战略的落实和执行。

而中国的品牌营销仍然停留在渠道销售和媒体广告这一初级阶段。外资企业都有自己的智囊团,包括战略咨询顾问、全案策划合作伙伴,以及合作的市场调研公司、公关公司、工业设计公司。而国内很多企业,连品牌经理人的职位都处于空缺的状态,更不必说公关团队、战略咨询顾问等岗位。

这从根本上导致了企业营销工作的不可持续性。

特斯拉进入中国市场的时间并不长，在广告投入上也不算多，却在中国市场拥有了大批粉丝。特斯拉的成功并不是偶然的。特斯拉在成立之初，就与莲花汽车公司在工业设计上达成了合作，在驱动系统上更是与国际领先的戴姆勒公司签订了协议。站在巨人的肩膀上前行，自然会走得更远。

在品牌战略发展上，特斯拉的营销团队一开始就定位于高端市场，坚定走高端路线，其消费者为各行各业的精英。这类消费者乐于分享自己的购车体验，他们的购买行为会受到大众的关注，他们也就成为品牌的宣传者。特斯拉的公关团队更是与多个知名媒体平台取得了合作，通过各类媒体讲述创始人与特斯拉的故事。这些最终促成了特斯拉的完美营销。反观很多本土企业，营销战略不明确，工业设计全靠山寨，公关团队更是在爆发危机事件时才临时组建。可以说，本土企业的营销发展还有很长的路要走。

外资企业除了广告投放、树立品牌形象、扩大知名度外，还对公关与传播工作进行了大范围投入，建立与媒体、协会、政府、大学、专家、非政府组织等的全方位关系网。本土企业在维护关系网上更具有优势，却往往忽视了这一环节，使其最终成为失败的原因之一。在品牌形象方面，外资企业秉持对顾客和社会的使命感和责任感，践行企业公民的责任。很多企业每年投入一定预算用于合适的公益项目，由此赢得员工、消费者和社会的尊敬。此外，外资品牌特别重视品牌美誉度，防止品牌遭遇声誉危机；还会根据品牌调性和目标用户打造多样的互动活动，培养忠实用户群，提升其满意度。

综上所述，如今中国品牌正在快速崛起，一方面，在国内市场上，消费者的品牌认知度开始增强；另一方面，在国际市场中，更多的外国消费者也开始看到并接受中国品牌。随着科技和互联网的高速发展，中国品牌的品牌力正在飞速提升。但与此同时，我们也要认识到，在企业经营管理层面，中国品牌普遍还处于学习阶段。唯有沉下心去学习体悟外资品牌在营销体系建设上的经验，结合中国市场特色实现本土化落地，才能在未来更加激烈的全球化竞争中立于不败之地。

新消费品牌营销人才战略

在企业经营运作的体系链中，营销一直扮演着重要的角色。然而，重生产轻营销的思想在中国企业决策者群体中广泛存在。时至今日，依然有众多企业甚至老牌大型企业缺乏科学完善的营销体系。营销职能和人才发展滞后，已经成为品牌战略推进的一大限制。

营销是高于广告的务实职能

当下，营销力成为企业品牌发展的一大核心能力，然而，营销力却是国内企业普遍存在的短板。即便市场经济发展到今天，依然有很多国内企业把广告和渠道当作营销，没有从产品、公关、客户关系等方面系统性地构建企业的营销力。

仔细分析我们身边的企业，你会发现，许多企业的营销负责人往往就是销售渠道的负责人。这一点不难理解。传统营销依赖于地面代理商和媒介资源关系网络的构建，本质上的确是关系营销，因此，将媒介和代理商渠道资源的获取能力等同于营销能力的观念得到许多企业决策者的认同。而这也成为中国企业营销力落后的一大原因。

随着互联网媒体和电子商务的崛起，传统营销中曾经十分稳定的关系纽带首先受到了冲击。目标消费者的注意力和购买渠道都发生了改变，关系营销在企业发展中发挥的作用越来越不明显,国内企业营销体系不完善的弊端越发突出。

谈及国内市场品牌广告营销的经典案例,百雀羚屡屡有惊艳之举。比如2017年母亲节期间,百雀羚通过创新营销成为全民关注的焦点,一篇民国风的长图文广告刷爆朋友圈。广告讲述了一个以民国为时代背景的故事,在各处场景中隐隐约约地植入了百雀羚。广告最后通过"神反转"推出百雀羚"月光宝盒"主题款,利用新颖的题材和标新立异的设计制造了话题,引起病毒式传播,一天内阅读量破3000万。然而,如此高流量,转化率却低得可怜,广告带来的直接订单量竟然只有2000多。

为什么广告创意一流,"圈粉"效果突出,却没有充分转化为市场购买力呢?根本原因就在于百雀羚的营销团队有意识地将销售与病毒式创意广告分开了,将营销重点放在了提升品牌良性曝光,增加品牌年轻化、娱乐化、互动化成分上。百雀羚营销团队这种大胆的尝试,让百雀羚这个老字号品牌瞬间"复活",乍现青春活力,恐怕这正是百雀羚团队最想要的结果。

无论何时何地,营销的根本目的始终是促使潜在的消费需求转变为实际的购买动机,最终实现产品销售量的提升和对市场的占领。营销如果只是简单粗暴的促销广告和自嗨式的表达,那么一次销售高峰过后,恐怕就是品牌势能的急速衰落。百雀羚这种以品牌力塑造为目的的营销手法给很多一味卖货的品牌扎扎实实上了一堂课。虽然百雀羚的线上销售量有限,但是其全渠道销售实现大涨,品牌指数和品牌价值都得到了快速提高。作为一个老字号品牌,百雀羚通过一系列年轻化营销让自己回到了舞台中央,在它看来，赢得市场赞誉和建立自身调性远比短期卖货重要得多。

与百雀羚形成鲜明对比的是脑白金采用的营销策略。脑白金的广告画面及广告词大家都耳熟能详。老太太和老大爷不厌其烦地跳着广场舞，最后来一句："今年过节不收礼，收礼只收脑白金。"该广告被评为"十差广告"第一名，却很卖货①。自 1997 年问世到 2008 年，脑白金销量稳步上升突破 100 亿元；截至 2015 年，其畅销保健食品市场 17 年，市场份额超过 10%。②不得不说，脑白金在广告表现上粗俗无比，它把卖货当作营销的唯一目的，不顾及目标用户的情感诉求和品牌形象，更不顾忌社会舆论，将低俗营销进行到底。即使能卖货，它也注定无法走得长远。

培养和建设专业化、系统化的营销团队是关键

时至今日，中国很多企业的营销岗位依然没有实现全盘职业化，这也导致了许多企业营销体系不完善。不懂社交网络，不懂自媒体，不懂线上渠道，也不懂产品升级，仅仅依赖与地面代理商的关系和传统电视、报纸、电台媒体资源来构建品牌力的方法早已不灵了。在消费升级的时代背景下，企业和营销负责人应懂得"网红"产品打造、公关传播、社群运营、粉丝互动和新零售渠道建设。由产品经理出身、客户关系经理出身或者市场公关出身的职业经理担任营销负责人才是企业打造营销系统的"正确姿势"。

---

① 《史玉柱自述：我的营销心得》，史玉柱，北京：同心出版社，2013 年 6 月版。

② 《脑白金偷换概念被揭含褪黑素　弥天大谎撒了 17 年》，陈妮希，《长江商报》，https://new.qq.com/cmsn/20150330/20150330009104，2015 年 3 月 30 日。

现代营销学创始人之一、美国科特勒咨询集团（KMG）全球主席米尔顿·科特勒,曾经在由贵州省青年商会举办的第一次青年会员大会中公布了这样一组数据:在中国,69％初创的中小企业不知道怎么制定营销战略;68％初创的中小企业对销售计划、销售任务分配没有系统规划;51％初创的中小企业不知道客户研究应该怎么去做。事实上,营销体系的缺失和不完善,不仅仅普遍存在于中小企业,还存在于许多老牌大企业。

2004 年年初,国内粮油领域的行业巨头金龙鱼打出了"1∶1∶1"的健康油概念,并引述时任中国粮油学会油脂专业分会副会长李志伟的发言,称"单品类油脂对健康有不良影响",言论一出,鲁花果断"躺枪"。不过很显然,金龙鱼所谓的营销团队没有真正去研究产品和市场,仅仅试图以广告噱头来击败竞争对手的做法很快得到了强有力的回击。鲁花营销团队快速选择了公关方式进行强烈回击,首先通过粮油学会油脂专业分会发文称,李志伟的发言被别有用心的厂商所利用,并且,到当下为止,市场上还没有任何单一食用油或食用调和油的成分能达到 1∶1∶1 的均衡营养比例。这一声明一出,经过媒体宣传后引发了轩然大波,惊慌失措的金龙鱼不得不修改广告,注明调和油比例实为 0.27∶1∶1。投入巨大的资源用于营销推广,反倒让竞争对手利用话题热度胜出,这正是金龙鱼的营销团队重广告轻公关所导致的结果,可见这一老牌企业并不重视营销体系的建设。金龙鱼在此次营销布局中,可谓是成事不足败事有余,在战术上缺乏有效规划和对资源的有效整合,谋求通过一句广告词扩大市场份额的简单做法,注定了它在遭遇竞争品牌更强悍的营销团队时被击溃。

如今很多发展迅速的新消费品牌的决策者都深知品牌营销的重要性，清楚产品的特色和未来的发展方向，拒绝一味地模仿和跟风。但在互联网经济时代，营销体系需要更为专业的人员来完善。特别是针对当下最火热的网络营销领域，企业需要具备互联网思维和技能的年轻人才。他们是企业落实网络营销的中坚力量。而国内企业恰恰缺少既懂网络营销业务又熟悉传统营销流程的综合性人才。一方面，大多数企业只会用人而不会挖掘、培养人才，这也导致许多具有互联网营销思维的优秀人才无法成长；另一方面，很多企业决策者依然秉持着旧观念，导致企业内部缺乏有效的激励机制，懂互联网的年轻人才流失情况严重。营销工作和人才的滞后，已经严重阻碍了很多企业的发展壮大。中国正在全力推进品牌战略，对于希望在全球化竞争中稳步前行的企业而言，建立并完善营销体系，培养和建设专业化、系统化的营销团队，将是企业实现长远发展的必由之路。